Jouer
POUR
GAGNER

Données de catalogage avant publication (Canada)

Péladeau, Pierre, 1925-1997

    Jouer pour gagner

    ISBN   2-7640-0244-0

1. Péladeau, Pierre, 1925-1997 - Entretiens. 2. Entreprises de presse - Québec (Province). 3. Éditeur - Québec (Province) - Entretiens. 4. Hommes d'affaires - Québec (Province) - Entretiens. I. Maisonneuve, Pierre, 1942 - II. Titre.

PN 4913.P38A5 1998   338'.092   C98-940223-1

Avec la collaboration de RDI, Le Réseau de l'information. Collaboration à la rédaction: Josée Latulippe.

LES ÉDITIONS QUEBECOR
7, chemin Bates
Bureau 100
Outremont (Québec)
H2V 1A6
Tél.: (514) 270-1746

© 1998, Les Éditions Quebecor
Bibliothèque nationale du Québec
Bibliothèque nationale du Canada
ISBN: 2-7640-0244-0

Éditeur: Jacques Simard
Coordonnatrice à la production: Dianne Rioux
Conception de la page couverture: Bernard Langlois
Photo de la page couverture: Jacques Nadeau
Photos intérieures: *Le Journal de Montréal*
Révision: Jean-Louis Morgan, Sylvie Massariol
Correction d'épreuves: Francine St-Jean
Impression: Imprimerie L'Éclaireur

Nous reconnaissons l'aide financière du Gouvernement par l'entremise du programme d'Aide au développement de l'industrie de l'Édition pour nos activités d'édition.

Jouer POUR GAGNER

PIERRE MAISONNEUVE

LES ÉDITIONS
Quebecor

INTRODUCTION

Je ne sais trop pourquoi j'ai accepté cette invitation à participer au *pow wow* annuel de Pierre Péladeau dans son domaine de Sainte-Adèle. Habituellement, je n'aime pas ces grands rassemblements. Je ne suis pas un intime de M. Péladeau. J'ai été reçu une fois à sa table, le jour où j'ai accepté de présenter un concert au Pavillon des Arts de Sainte-Adèle, au cours de l'automne 1996, ce qui m'a valu cette invitation à la fête de tous ceux et celles qui ont collaboré d'une façon ou d'une autre aux activités de l'empire Quebecor.

Mais je connais Pierre Péladeau depuis 30 ans. Comme des milliers d'autres, j'ai travaillé pour lui à la fin des années 60 au *Journal de Montréal* et au *Journal de Québec*. Deux ans d'une folle aventure avant de joindre les rangs de Radio-Canada. Et surtout, je l'ai interviewé à quelques reprises; entre autres, à la veille du référendum de 1995 où il a tout dévoilé de sa pensée politique, tout en refusant de se prononcer par un oui ou par un non.

La journée s'annonce magnifique. Il y a déjà foule. Au pied de l'escalier qui mène à la terrasse en bordure de la rivière du Nord, qui traverse sa propriété, Pierre Péladeau, en t-shirt blanc, sur lequel il affiche ses couleurs: un éléphant et un slogan «J'aime pas travailler pour des pinottes!». Il accueille chacun de ses invités: des cadres des différentes entreprises du groupe Quebecor, des artistes qui font les manchettes de ses hebdomadaires, un ancien premier ministre, des ministres en exercice, des écrivains, des journalistes et des compagnons d'abstinence qu'il ne laisse pas tomber.

Un photographe capte la poignée de main. Un souvenir à remettre avant le départ. Il y a plus de mille invités à cette fête champêtre.

Je reconnais des gens que je salue au passage et je regarde.

Rien n'est laissé au hasard, il faut que tous s'amusent. Je me promène d'un kiosque à l'autre, de l'horoscope à un univers virtuel, en poussant une pointe vers le casino maison qui ne ruinera personne. On fait la queue près de l'héliport où le jouet préféré de Pierre Péladeau, son hélicoptère, décolle, atterrit et repart dans un ballet incessant. De l'autre côté de la rivière, c'est la course au trésor dans les sentiers de la forêt. Et il y aura plus tard la course des canards dans les tourbillons des rapides. Et le spectacle et le feu d'artifice que le maître des lieux comparera aux plus beaux feux d'artifice de Montréal.

Pierre Péladeau est heureux comme un enfant qui, enfin, a des amis autour de lui pour jouer pendant quelques heures.

Et c'est dans le calme de cette belle soirée d'été dans les Laurentides, en quittant le domaine de Pierre Péladeau, que m'est venue l'idée d'un long tête-à-tête avec cet homme complexe qui a construit son empire en jouant toujours pour gagner et qui, à 72 ans, ne résiste plus à ses rêves de jeunesse.

Pendant des années, l'élite intellectuelle, politique et financière fuyait Pierre Péladeau, ses jurons, son ivresse et ses journaux à potins. Elle lui reprochait ses succès financiers, certaines compagnes trop flamboyantes, ses coups de gueule irrespectueux, sa vérité pas toujours bonne à dire. L'élite oubliait sa passion pour les artistes, la musique, la peinture et les fleurs.

Aujourd'hui, politiciens, écrivains, comédiens, chanteurs, journalistes, alcooliques décrochés et simples citoyens se pressent à sa porte pour lui rendre un hommage souvent sincère, parfois intéressé. Des universités empochent ses millions, des orchestres lui doivent de vivre dignement, et des milliers de gens travaillent dans son empire pour l'enrichir davantage. Son nom brille au palmarès du succès et la relève est là, prête à prendre la place.

Mais Pierre Péladeau a-t-il réussi sa vie?

«Quand on court après la fortune, on risque de perdre l'amour. J'ai payé de mes clairs de lune de vouloir allonger les jours, augmenter le chiffre d'affaires, pour gagner quoi? Quelques billets qui ne pourront jamais refaire le hasard que je gaspillais», dit la chanson[1]. Combien de hasards Pierre

---

1 *Les rendez-vous*, de Gilles Vigneault.

9

Péladeau a-t-il gaspillés? Quel fut le prix à payer pour sa réussite? Ce prix lui paraît-il aujourd'hui bien lourd? En cherchant la fortune, que cherchait-il vraiment? La puissance et la gloire, ou une vengeance à assouvir?

Pierre Péladeau s'est fait mécène. Pour donner du vernis à sa vie ou par véritable amour pour les arts?

Derrière son visage, aujourd'hui plus serein, cache-t-il les rides de la tristesse, des amours déçues, des amitiés piétinées, des pactes inavouables?

Et si la plus grande victoire de Pierre Péladeau était sa victoire sur lui-même?

En chacun de nous, une vérité! Pierre Péladeau a la sienne qu'il nous fait partager.

À vous maintenant de la découvrir et de juger.

Pierre Maisonneuve
Montréal, le 2 août 1997

1
Les choix de l'enfance et de l'adolescence

Monsieur Péladeau, il y a maintenant près de 50 ans que vous avez entrepris votre aventure dans le monde des affaires. Aujourd'hui, vous invitez à votre table des premiers ministres, des ministres, des journalistes, des artistes, des gens de tous les milieux. Ils acceptent votre invitation. Mais ça n'a pas toujours été ainsi?

Non, sans aucun doute. Et c'est normal! D'ailleurs, je ne dirais pas qu'ils acceptent, mais plutôt qu'ils ont besoin de venir à ma table. Ce n'est pas tout à fait la même chose. Et j'invite les gens que je veux bien inviter. Ça fonctionne dans les deux sens.

Quand vous retrouvez autour de vous tous ces gens importants, que ressentez-vous en pareille circonstance?

Rien du tout! Que devrais-je ressentir? De Gaulle recevait des tas de gens. Un jour, le général de Gaulle, président de la République, accueille à son bureau un éboueur qui avait fait un geste d'éclat quelconque. Il passe un bon moment avec lui. Une fois l'éboueur parti, on lui dit: «Monsieur le président, que faites-vous avec cet homme? Pourquoi l'avez-vous reçu si longtemps?» Il répondit: «Monsieur, l'éboueur a une qualité d'être qui est la même que la vôtre.» C'est ce que je respecte, moi aussi, dans les êtres. C'est tout.

Parmi les personnes que vous retrouvez autour de votre table, vous ne faites donc pas de distinction de statut social.

Pas du tout! Le statut social, ça n'existe pas! Qu'un individu détienne un doctorat en médecine ou en sociologie, qu'il possède 5 000 $ plutôt que 500 $, ça n'a aucune importance. Cet individu est semblable à tous les autres! Souvent, certains sont plus niaiseux que les autres...

La France vous a honoré de la Légion d'honneur; dans nos universités, on vous décerne des doctorats honoris causa *et l'on vous cite en exemple auprès de la jeunesse étudiante en disant que vous êtes un modèle à suivre... Est-ce que vous vous dites «Me voici en haut de la pyramide sociale, puissant, incontournable»?*

Oh! non! Ce n'est pas mon genre. Je suis très simple, de nature pas compliquée. Je regarde les choses comme elles sont et je m'adresse aux gens comme ils sont.

Je ne fais pas de démonstration de cette nature-là, je m'en fous complètement. J'ai eu l'avantage d'être en contact avec beaucoup de personnes, mortes aujourd'hui, avec qui j'ai eu de longs entretiens, avec qui j'ai pu parler de choses intéressantes, de vraies valeurs. Pensez-vous que je vais me préoccuper d'un individu parce qu'il est ci ou ça? Pas du tout. Quand il est mort, il est mort.

Mais êtes-vous devenu riche, puissant, incontournable?

Je suis riche, oui. Puissant? Oui. Incontournable? Je ne vois pas pourquoi.

Vous affirmez: «Je suis riche et puissant.» Mais ça ne signifie pas que dans le monde des affaires, parmi les gens riches, vous n'ayez que des amis. Vous avez aussi des ennemis.

Je l'espère bien! C'est ce qui me donne l'élan pour continuer et pour frapper fort. Vous savez, j'ai toujours eu un respect extraordinaire pour ma mère. C'était une très grande dame. Je l'appelais «La grande duchesse». Elle me disait toujours: «Joue pour gagner.» Elle-même jouait aux cartes tous les soirs. Elle jouait pour gagner, pas pour s'amuser. Aujourd'hui, dans le cadre des Jeux olympiques, on entend dire aux jeunes: «Jouez pour participer.» On ne joue pas pour participer. On joue pour gagner! Si on joue pour gagner, on gagne. Si on joue pour participer, on participe.

Nous aurons l'occasion de revenir sur ce credo qui est le vôtre. Vous avez en effet prouvé, à maintes occasions, que vous jouiez pour gagner, et vous avez gagné. Mais tous ces honneurs, toutes ces amitiés que l'on vous manifeste, les devez-vous à la puissance de votre argent ou à l'homme que vous êtes devenu?

Je n'en sais rien. Il faudrait le demander aux personnes concernées. Moi, ça m'est égal. Je sais qu'il y a autour de moi un tas d'opportunistes, des gens qui recherchent des faveurs. Et c'est normal. Je ne suis pas le seul à subir cela. C'est pareil pour tout le monde, qu'on soit homme d'affaires, artiste, etc. Des gens vont tourner autour d'un artiste pour se donner de l'importance, pour avoir l'illusion d'être eux-mêmes un peu artistes.

Avez-vous toujours rêvé d'être ce faiseur d'argent que vous êtes devenu?

Oui.

Est-ce que ça fait partie de votre mentalité?

Oui. Ça date de ma toute jeunesse.

Mais il faut à un moment donné prendre conscience d'un désir qu'on porte en soi. Comment avez-vous pris conscience que c'était vraiment ce que vous vouliez faire?

Souvent, les prises de conscience sont provoquées par les difficultés, par la souffrance. C'est exactement ce que j'ai vécu.

Mon père est mort alors que j'étais encore très jeune; j'avais 10 ans. Il venait de faire faillite. Je me rappelle très peu de choses de mon père, mais je me souviens de ses funérailles. Je me rappelle très bien. Je me revois derrière le corbillard avec mon frère aîné. Nous suivions le cercueil en marchant jusqu'à l'église. C'était le 4 octobre. Il faisait froid. Comme nous étions très pauvres, je n'avais pas de manteau. Mon petit voisin m'avait prêté le sien. Ça fait mal!

Très peu de gens ont assisté aux funérailles de mon père. Il avait pourtant aidé un très grand nombre de personnes. C'était un homme très généreux... un très grand homme, malgré sa petite taille. Mais tous l'avaient totalement ignoré. C'est incroyable! À la maison, il n'y avait qu'un seul landau de fleurs. J'entendais les remarques des adultes: «Comme c'est effrayant! Tout le monde l'a oublié!» Moi, je n'ai jamais oublié cela.

Plus tard, ma mère m'a envoyé au collège Brébeuf. Ce que je ne savais pas, c'est que les jésuites m'avaient accepté... par charité! Pourquoi? Je ne le sais pas. Je n'étais pas particulièrement brillant... Blague à part, Brébeuf, c'était le collège des riches, à Montréal. Moi, je marchais deux milles, matin et soir, pour aller au collège. Je n'avais que 12 ans. Je devais me lever tôt pour être là en même temps que les autres, les fils de riches, qui arrivaient conduits par leur chauffeur ou leur père. Moi, je marchais...

Tout cela me travaillait intérieurement. Je me disais que ce n'était pas juste, qu'il n'y avait aucune justice! Les autres avaient des choses que je n'avais pas. Dans ma tête, j'aurais dû en avoir autant qu'eux.

Ces souffrances ont fait grandir en moi le désir de jouer pour gagner, de faire de l'argent.

Nous aurons l'occasion d'y revenir au cours de cet entretien, de façon plus approfondie. J'aimerais d'abord vous situer comme homme d'affaires. Quelles sont vos principales qualités d'homme d'affaires?

Je me suis déjà posé cette question à plusieurs reprises. Un jour, j'ai eu une grosse grippe; j'ai dû rester à la maison pendant quelques jours et je me posais justement cette question. Qu'est-ce qui me permet de fonctionner comme j'arrive à le faire? Je crois que ma grande qualité est d'être un motivateur pour les personnes qui m'entourent. Je sais comment les faire travailler, comment leur ouvrir des portes. Ce n'est pas tout, mais je crois que c'est principalement ce qui fait de moi l'homme d'affaires qui a réussi.

Peut-on dire qu'il y a un «style Péladeau», un style à enseigner dans nos universités, par exemple?

Oui. Oui.

Quel est-il?

Faire confiance aux gens, mais pas plus qu'il ne le faut. Comme l'affirmait l'ayatollah Khomeiny: «Si un de tes hommes fait une erreur, passe par-dessus. Si cet homme fait une erreur une seconde fois, passe *dessus*.» C'est cela.

Ça peut être assez radical!

C'est vrai. C'est radical. J'ai effectivement congédié bien des gens. À chaque fois, je disais à la personne: «Tu travailles ici, mais tu n'es pas heureux. Si tu faisais du bon travail, tu serais heureux. Tu n'es donc pas à la bonne place. Alors va-t'en. Va travailler ailleurs, là où tu seras heureux.» Plusieurs personnes sont revenues me voir quelques années plus tard pour me remercier et me dire qu'elles n'étaient effectivement pas à leur place dans mon entreprise, qu'elles avaient trouvé un endroit où elles étaient vraiment à leur place et où elles fonctionnaient beaucoup mieux.

Il fut une époque où les gens d'affaires devaient presque se cacher pour faire de l'argent. Aujourd'hui, j'ai l'impression que nous vivons exactement dans l'excès contraire: on nous vante les mérites des gens d'affaires comme si tout ce qu'ils faisaient était l'exemple à suivre. Vous êtes devenus les modèles, en haut de la pyramide sociale. Est-il souhaitable qu'il en soit ainsi?

Oui, tout à fait. Je crois que j'ai fait œuvre de bien en ce sens. Il faut, à mon avis, faire comprendre à la jeunesse, et à l'ensemble de la population, que l'économie est LA chose à conquérir. Il faut commencer par là. Une fois qu'on a l'économie dans ses poches, c'est-à-dire qu'on est capable de brasser des affaires, on est alors capable de «brasser» autre chose. C'est aussi simple que cela. Comme le disent les Américains: «*Money talks.*» Et c'est bien vrai!

Il se produit également un autre phénomène. On semble vouloir nous faire croire que vous, les gens d'affaires, tout ce que vous décidez est rationnel, fondé, analysé, que tout est affaire de volonté. Mais vous n'avez pas toujours donné l'exemple de la rationalité...

Non.

Est-ce vraiment la réalité du monde des affaires?

Oui. Et quand je ne l'ai pas mise en pratique, c'est alors que j'ai fait des erreurs. Il faut d'abord rationaliser, avoir une intuition, un désir, un sens de création. C'est la grande qualité d'un homme d'affaires.

Les Japonais n'ont pas inventé les boutons à quatre trous! Voilà un peuple qui a presque été éliminé durant la guerre; peu de temps après, il a remonté la côte et s'est attaqué à la plus grande compagnie au monde, General Motors. Les Japonais sont allés battre les Américains sur leur propre terrain. C'est ça, la force de la créativité.

Mais il y a ici quelque chose de paradoxal. Vous soulignez l'exemple des Japonais... les deux peuples qui ont été battus lors de la Seconde Guerre mondiale sont devenus des grandes puissances économiques. Y a-t-il une raison à cela?

Oui. Le sens de la création et la persévérance dans le travail. Savoir terminer ce qu'on entreprend. Un des problèmes qui nuit le plus aux Québécois, c'est que nous faisons les choses «à moitié». Nous ne terminons pas ce que nous avons entrepris. Nous ne poussons pas les choses à fond.

Les gens d'affaires demeurent habituellement très silencieux sur leur vie privée, sur leur situation personnelle. Contrairement à eux, vous êtes un peu comme un livre ouvert. Vous avez déjà parlé des artistes qui, à un moment donné, sentent le besoin de se mettre à nu, de dire ce qu'ils sont. Monsieur Péladeau, êtes-vous artiste, ou homme d'affaires?

Je suis certainement les deux. J'ai toujours dit que j'étais un comédien naturel. Je m'amuse constamment. En affaires, il est important d'être bien. C'est le cas en affaires, mais également dans la vie! Il faut être bien pour apporter quelque chose aux autres. Je ne peux pas apporter du bien aux autres si moi-même je ne suis pas bien.

On ne naît pas millionnaire. On le devient.

Cenne par cenne...

Mais pourquoi Pierre Péladeau a-t-il voulu devenir des centaines de fois millionnaire? Avec le recul, aujourd'hui, y a-t-il une raison fondamentale qui explique votre parcours d'affaires? Vous me parliez tout à l'heure de la mort de votre père. Peut-on y voir une des raisons fondamentales qui expliquent votre aventure?

Sans aucun doute. La vie est faite d'actions et de réactions. Nous réagissons aux besoins que nous éprouvons.

Pour poursuivre ce que je disais à propos de mon père... À Brébeuf, tous les jours à 4 heures, on nous donnait une brioche. Nous allions acheter une bouteille de lait pour boire en mangeant notre brioche. Mais moi, je n'avais pas les 5 sous qu'il fallait pour acheter du lait. Tous les autres les avaient. Nous n'étions que deux ou trois à n'avoir pas d'argent. C'est dur, très dur.

C'était dur de voir les autres élèves aller patiner ou jouer au hockey avec des patins neufs... alors que je n'en avais pas. Je n'ai jamais patiné. C'était dur de voir les autres partir pour des fins de semaine de ski, ou à bicyclette, alors que je n'avais ni skis ni bicyclette.

Toutes ces expériences m'ont amené à réagir. Un jour, je me suis dit: «Vous allez voir! Je vais tous vous battre; je serai meilleur que vous!»

Monsieur Péladeau, ça fait bien pour des gens qui, comme vous, ont réussi, de parler de leur enfance pauvre et malheureuse. Étiez-vous malheureux de votre condition sociale?

Évidemment! Nous demeurions à Outremont, dans une maison extrêmement hypothéquée, que nous avons d'ailleurs perdue quelques années plus tard. Nous avions peu de choses à la maison. J'ai mangé beaucoup de viande hachée! D'une part, ma mère n'était pas du tout cuisinière et n'aimait pas cuisiner. D'autre part, ça ne coûtait pas cher.

En mangez-vous encore?

Oui, j'ai appris à aimer ça.

C'est assez amusant quand je me rappelle mon service militaire. Nos repas étaient loin d'être de la grande gastronomie... Les fils de riches, les fils de médecins n'aimaient pas ça, ils ne mangeaient pas. Moi, je trouvais ça bon. J'ai appris à manger n'importe quoi!

L'INFLUENCE DE SON PÈRE

Revenons à votre père. L'année de votre naissance, 1925, c'est à peu près le moment où votre père connaît son krach avant tous les autres.

À peu près.

Votre père est ruiné l'année où vous venez au monde.

Mon père possédait une très grosse affaire. Quand j'étais jeune, on disait qu'il s'était fait rouler par deux individus, que je connaissais d'ailleurs, et à qui j'en ai voulu pendant des années.

On m'a dit qu'en venant au monde, j'avais apporté la malchance dans la maison. Quand mon père a fait faillite, nous avions de grosses voitures, deux bonnes à la maison, ma mère avait son chauffeur... Je suis né et tout a disparu! J'avais donc apporté la malchance. J'ai porté ça sur moi un bon moment!

Vous l'avez souligné, votre père était en affaires. D'ailleurs, vous êtes presque revenu à ce que votre père faisait: il était propriétaire d'une entreprise de bois.

Oui. Et si j'habite aujourd'hui à Sainte-Adèle, c'est à cause de mon père. Mon frère voulait acheter une maison un peu plus au nord, à Val-David. Il m'a demandé d'aller la visiter avec lui, de lui dire si je pensais qu'il s'agissait d'un bon achat, si le prix était acceptable, etc. J'y suis allé. En revenant, le courtier m'a dit: «Monsieur Péladeau, j'ai une maison à vendre qui vous conviendrait parfaitement. Je suis sûr que vous allez l'aimer.» Je lui ai dit que je louais une maison, que je n'étais pas intéressé à acheter. Il a insisté et m'a amené ici. J'ai alors vu ces arbres extraordinaires qui avaient plus de 75 ans. J'ai acheté la maison à cause de ces arbres. Pour moi, ils représentaient mon père. Ils étaient mon porte-bonheur.

Ils représentaient votre père, parce que votre père possédait ce qu'on appelait autrefois des «clos de bois»?

Plus que cela. Il avait une entreprise de portes et châssis, une des grosses affaires à Montréal à cette époque.

Vous avez déjà raconté que ses ennuis financiers étaient nés du fait qu'il avait voulu moderniser son entreprise.

Un peu.

Votre père voulait acheter de l'équipement en Allemagne. C'était un visionnaire.

Ah! oui! Tout à fait! On racontait chez moi — je ne l'ai cependant jamais vraiment cru — que mon père avait deux associés. Il avait édifié son entreprise et y avait investi toutes ses économies. Une fois la compagnie bien bâtie, ses deux associés devaient financer le fonctionnement. J'ai de la difficulté à croire que c'est ce qui est arrivé. C'est un non-sens d'investir la totalité de l'argent au départ et de dépendre des autres pour le fonctionnement. Il semble que ses deux associés du départ aient refusé de lui verser l'argent pour faire démarrer l'entreprise... il a donc coulé. C'est peut-être vrai. Peut-être pas. Je n'en sais rien. C'est ce qu'on m'a raconté.

Vous avez déjà dit que votre père avait cru en la parole donnée.

C'est exact.

Parce que sa parole était pour lui suffisante.

Oui! Et elle l'était. Mon père était un grand homme.

Était-il un naïf en affaires?

Peut-être. Je ne sais pas. Si ce qu'on m'a raconté est vrai, il était effectivement très naïf. J'étais trop jeune à l'époque pour savoir exactement ce qui s'est passé.

Que retenez-vous de votre père?

J'ai un souvenir de l'époque où j'avais deux ou trois ans, avant que mon père soit malade. Chez nous, c'était au jour de l'An que nous recevions des cadeaux, beaucoup de cadeaux. Mais à cette époque, mon père n'avait plus d'argent. Cette année-là, il avait vendu sa voiture pour arriver à nous acheter des cadeaux pour le jour de l'An. Mon père était un homme qui ne pensait jamais à lui; son premier souci était les enfants.

Vous n'avez donc pas connu sa richesse, puisque vous êtes né au moment de ses ennuis financiers. Vous l'avez connu malade. Est-ce que vous retenez de lui une image de faiblesse, d'abandon, de déchéance?

Un peu. Et c'est ce qui m'a donné l'élan pour avancer dans la vie. Je voulais venger mon père.

La vengeance...

Oui.

Sentiez-vous cela dès le début de votre aventure?

J'ai effectivement vécu ce sentiment pendant plusieurs années. Il s'est manifesté de différentes façons: besoin de rivalité, une agressivité démesurée...

Envers votre père?

Non. Dans la vie.

Mais, un jour, vous avez dit: «J'ai haï mon père comme je hais bien des gens. J'ai haï mon père. J'ai haï ma mère.»

Je n'ai pas haï mon père. Je n'ai jamais dit cela. Je n'ai jamais haï mon père, parce que je ne l'ai pas connu. J'ai très peu de souvenirs de lui. Je me rappelle vaguement que nous allions marcher ensemble. Il me tenait la main. C'était pour moi une grande joie. Nous allions aussi faire les courses. Aujourd'hui, je vais faire mon marché et je me rappelle le temps où j'y allais avec mon père. Je me souviens d'un magasin où il y avait une grosse poche de *peanuts*. Quand j'arrivais là, je prenais des *peanuts* et je les mettais dans ma poche. Le patron me voyait faire... il trouvait ça drôle. Mon père me disait: «Prends des *peanuts*, prends des *peanuts*!» C'était très agréable, très chaleureux.

Vous dites: «Je vais faire mon marché toutes les semaines.» Lorsque, enfant, on a mangé tellement de viande hachée, éprouve-t-on un certain plaisir à voir aujourd'hui que le réfrigérateur est rempli, que la dépense est pleine de nourriture?

Pas du tout. Par exemple, si je mange du homard ou du caviar, je n'ai pas d'émotion particulière. J'apprécie ce que je mange. C'est tout. Je n'aime pas compliquer les choses.

Vous ne mangez pas de caviar parce qu'un jour vous étiez pauvre et qu'enfin vous pouvez vous payer du caviar?

Ah! non! Pas du tout. En réalité, si je mange du caviar, c'est parce que ma première femme aimait beaucoup le caviar. Sa famille n'était pas riche, mais son père était médecin, alors ils étaient relativement à l'aise.

Madame Chopin...

Oui. C'est ainsi que j'ai appris à apprécier le caviar, que je ne connaissais pas.

Aujourd'hui, après presque trois quarts de siècle, peut-on parler, non pas d'une réconciliation — si vous dites qu'il n'y a pas eu de rupture —, mais d'un lien qui s'est établi entre vous et votre père, du fait que vous ayez réussi là où il a échoué?

Je le pense. Je dis à mes enfants qu'un homme a besoin de faire mieux que son père pour s'accepter lui-même...

On peut donc dire que votre désir fondamental a été de prouver que vous pouviez être le meilleur, meilleur que votre père. Aujourd'hui, vous vous dites: «J'ai réussi!»

Oui, tout à fait.

Madame Elmire Péladeau a eu une influence déterminante sur son fils Pierre.

L'INFLUENCE DE SA MÈRE

Votre mère, Elmire, était une maîtresse femme.

Oui, c'était une femme très forte, très sévère, pas très affectueuse. Je n'exagère pas en disant que ma mère m'a embrassé seulement cinq fois dans ma vie. Sur le front... En fait, elle ne m'a jamais embrassé. C'est moi qui l'ai embrassée! Elle ne se déplaçait jamais. Elle préférait demeurer à l'intérieur. C'était une femme cultivée, qui s'intéressait à beaucoup de choses, mais qui n'aimait pas montrer son affection.

Était-elle votre modèle? Si l'histoire qu'on vous a racontée au sujet de votre père est fondée, votre père était peut-être naïf. Mais vous n'êtes pas naïf en affaires?

Le moins possible!

Votre mère n'était pas naïve.

Ma mère était une ancienne maîtresse d'école, habituée à taper sur son pupitre avec un bâton. Elle n'acceptait pas qu'on la contredise. C'est ce qui explique qu'un jour je me sois retrouvé en très mauvais termes avec elle, en rébellion contre ma mère. Je lui ai dit: «Tu n'as pas le monopole de la vérité!»

Ma mère était une femme extraordinaire. Elle ne pliait devant rien. Tous les jours, dans l'après-midi, elle prenait un petit verre de gin. Elle n'était pas alcoolique, loin de là. Elle fumait et aimait bien le chocolat. C'est moi qui payais toutes ces gâteries. Jamais elle ne m'aurait dit: «Veux-tu m'apporter du gin? M'apporterais-tu des cigarettes? Irais-tu m'acheter du chocolat?» Non. Elle disait plutôt: «Je n'ai plus de gin! Je n'ai plus de cigarettes! Je n'ai plus de chocolat!» Pour elle, c'était tout à fait normal. Tout lui était dû. Elle ne demandait pas. Ça me choquait parfois, mais dans le fond, j'aimais ça. Je trouvais qu'elle avait du nerf. Nous avions des face-à-face assez intéressants!

Votre époque de rébellion contre votre mère, c'était quand vous étiez jeune ou beaucoup plus tard?

Beaucoup plus tard. Quand j'étais jeune, j'avais peur de ma mère!

J'allais justement vous demander: en aviez-vous peur?

Oui, certainement. Et c'est à partir du moment où j'ai cessé d'avoir peur que notre relation s'est complètement transformée. C'était désormais moi qui menais, surtout qu'à partir de ce moment-là, c'est moi qui payais toutes ses dépenses. Elle n'avait plus d'argent. J'avais donc le contrôle.

Lorsque mon père est mort, il n'y avait qu'un seul landau de fleurs. Mais quand ma mère est morte, je m'étais promis de lui faire de belles funérailles. Eh bien, il y avait 15 landaus de fleurs! Le maire de Montréal, des ministres étaient présents, etc.

Dans les années qui ont suivi mon mariage, en 1956, j'allais rendre visite à ma mère tous les soirs. Nous avions un berger allemand, une bête splendide, et j'allais faire une grande marche avec lui. J'arrêtais chez ma mère qui demeurait tout près, histoire de parler un peu. Elle me posait des questions: «Qu'est-ce que tu as fait aujourd'hui? Qu'est-ce que tu as vendu? Est-ce que les affaires vont bien?» Elle s'intéressait à ce que je faisais. À partir du moment où je me suis lancé en affaires, ma mère n'a cessé de m'admirer. Elle m'idolâtrait...

Ça ne devait pas être facile pour ceux qui vivaient avec vous. Vous étiez un peu le «fils à maman»?

Oh! oui!

À une certaine époque, vous étiez seul à la maison avec votre mère?

Oui. Pendant la guerre, une de mes sœurs s'est mariée avec un marin et vivait à Vancouver. Une autre a elle aussi épousé un marin et était à Halifax. Mes deux frères étaient en Angleterre. Mon frère aîné... je ne me souviens plus où il était. J'étais seul à la maison avec ma mère.

Est-ce de votre mère que vous tenez votre capacité de transformer des échecs en réussites?

Oui, partiellement. Elle avait une attitude un peu négative sur cet aspect. Elle croyait, comme c'était la mode à l'époque, que «l'ambition perd son homme». Il ne fallait pas aller trop vite, il fallait faire attention. Or, en affaires, il ne faut pas faire attention. Si tu fais trop attention, tu passes à côté de bien des choses...

Cette réserve pourrait-elle venir du fait que dans son esprit, c'est l'ambition de votre père qui avait fait sa perte?

Oui, sans doute, mais il y avait plus que ça. Il faut dire que c'était très québécois. À cette époque, nous étions «nés pour des petits pains». C'était normal, ça faisait partie de la vie. Les Anglais menaient tout, connaissaient tout. Nous étions très catholiques... Moi, je n'ai pas accepté ça.

L'ÉTUDIANT PÉLADEAU...
ET SES MAÎTRES

SES ÉTUDES AU COLLÈGE

Vous m'avez parlé, en début d'entretien, de ce sentiment d'injustice que vous viviez, fils de pauvre dans un milieu de riches. Mais fréquenter le collège Brébeuf, faire sa philosophie à l'Université de Montréal et son droit à l'Université McGill, ce n'est quand même pas une situation de pauvre. Vous étiez tout de même un privilégié.

Oui, j'étais privilégié... de travailler pour pouvoir étudier! Mes études, je les ai gagnées. Et Brébeuf, j'y étais par charité! Quand je l'ai su, d'ailleurs, j'étais enragé. J'ai eu des mots très durs pour ma mère. Je n'étais pas un «quêteux», on ne me ferait pas quêter, etc. Par la suite, j'ai travaillé pour pouvoir payer tous mes cours. Même lorsque je fréquentais Brébeuf, je travaillais tout l'été. C'est ce que j'ai fait dès l'âge de 13 ans.

Vous avez eu 20 ans en 1945. Vous avez donc dû faire votre service militaire. Avez-vous été appelé sous les drapeaux?

Non, je faisais partie du C.E.O.C., le Contingent d'élèves officiers du Canada, ce qui me protégeait du service actif.

Si vous aviez eu à partir pour la guerre, seriez-vous parti?

Probablement pas.

Vous auriez pris le bois, comme bien d'autres l'ont fait?

Je ne sais pas. C'est tellement hypothétique... je ne sais pas ce que j'aurais fait.

Les fils de riches allaient donc se camoufler dans le C.E.O.C.

Tous. Et ça allait de soi. Ce n'était pas tout à fait pour nous camoufler, mais si nous voulions poursuivre nos études, nous devions faire partie du C.E.O.C. Nous avions droit à un ou deux soirs par semaine d'entraînement militaire — maniement des armes, etc. Ça faisait partie du collège, en quelque sorte. Tellement que je me suis fait mettre à la porte du collège Brébeuf à cause du C.E.O.C.

Pourquoi?

Il y avait une élection à Outremont en 1943 ou 1944. Le général Laflèche se présentait pour le Parti libéral.

Il était pour la conscription.

Plus que cela. Il était ministre de la Défense et, en plus, il avait comme adversaire Jean Drapeau, qui fut par la suite maire de Montréal.

... et qui était le candidat anticonscription?

Effectivement. Les journaux, *La Presse* en particulier, n'en avaient que pour le général Laflèche et sa campagne, et pas un mot n'était dit de Jean Drapeau.

On m'avait alors demandé si je pouvais trouver des gens qui pourraient distribuer *Le Devoir* — qui, lui, parlait de Jean Drapeau — pour que les gens d'Outremont soient au courant de sa campagne. J'étais donc responsable de la distribution du *Devoir*. J'avais une organisation fantastique. J'avais recruté mes aides dans les classes; une quarantaine d'élèves m'aidaient à distribuer *Le Devoir*. C'est venu aux oreilles du préfet qui m'a ordonné d'arrêter. «Le général Laflèche est celui qui nous a permis d'obtenir un contingent du C.E.O.C. S'il apprend que vous êtes derrière cette organisation, il va penser que

Brébeuf est associé à Drapeau... Vous allez arrêter ça immédiatement!» J'ai refusé. J'avais donné ma parole, je m'étais engagé à distribuer *Le Devoir*, et j'étais décidé à aller jusqu'au bout. «Si vous n'arrêtez pas, vous êtes renvoyé.» J'ai continué... et je suis allé poursuivre mes études au collège Sainte-Marie.

Vers les autres jésuites, les jésuites du peuple...

Oui.

Par opposition aux jésuites de l'élite.

Oui. En fait, les jésuites du peuple, comme vous dites, m'ont eux aussi mis à la porte, mais pour une autre raison. Il y avait, juste à côté du collège Sainte-Marie, une taverne, dans un bâtiment aujourd'hui occupé par Revenu Canada. C'était juste au coin de la rue. Entre les cours ou à l'heure du dîner, nous allions prendre quelques bières à la taverne. Nous étions cinq ou six «délinquants» qui retournions ensuite au collège pour reprendre les cours. Un jour, j'ai oublié l'heure... quand je suis retourné au collège vers 15 heures 30, le préfet m'attendait sur le bord de la porte. Je suis entré... et je suis ressorti.

Dans quel état étiez-vous?

Je n'étais pas «pompette». Seulement, je sentais la bière! Alors, il ne voulait pas entendre parler de mes excuses...

L'alcool m'a aussi fait mettre à la porte du C.E.O.C. Ce soir-là, j'avais un peu trop bu. Après m'être couché au couvre-feu, j'ai réalisé que je ne m'endormais absolument pas. Je me suis donc relevé. En tirant sur le poteau de la tente, j'ai fait tomber celle-ci sur mes 20 collègues endormis. J'ai immédiatement décampé, mais la police militaire, partie à mes trousses, a fini par m'encercler et m'emprisonner. Le lendemain, j'ai même dû comparaître en cour martiale! Les chefs d'accusation qui pesaient contre moi: insulte aux officiers, insubordination (j'avais parlé quand ce n'était pas le temps!) et alcoolisme (ça, c'était plus sérieux). On m'a condamné à quitter le C.E.O.C. Cela signifiait que j'étais à nouveau éligible pour l'armée active! Heureusement, j'ai eu beaucoup de chance. Au même moment, un nouveau contingent de la marine fut créé. Nouveau contingent signifiait aucun dossier sur moi. Ils ignoraient tout de mes mésaventures au C.E.O.C. J'ai donc pu terminer mon service militaire dans la marine et éviter ainsi l'armée active.

Aviez-vous la mentalité d'un décrocheur?

Non, pas du tout. J'ai été un bon élève. J'étais toujours dans les premiers de classe. Là aussi, je jouais pour gagner.

Vous étiez un petit génie?

Pas tant que ça... même si aujourd'hui on dit que tout est génial! Je devais donc l'être! En fait, non, je n'étais pas un génie, mais j'étais discipliné. Je me levais tôt le matin pour étudier, je travaillais fort. Vous savez, j'ai passé mes examens de droit! Ça aussi, c'est très drôle. J'étudiais à l'Université McGill.

DES ÉTUDES DE DROIT À McGILL

Pourquoi McGill?

Je ne sais pas. Je crois que pour moi c'était plus logique, plus normal d'étudier le droit à McGill. En réalité, je pense que c'était moins cher... Il y avait une raison quelconque, je ne me souviens plus laquelle.

La première année, nous étions à peu près 125, parmi lesquels il y avait environ 50 francophones. Nous passions les examens à la fin de l'année. Au début de l'année suivante, nous n'étions plus que 10! Presque tous les francophones avaient coulé leurs examens. C'était quelque chose!

La première journée de cette deuxième année de droit, il y avait un grand homme, sur le pas de la porte. Il me regarde et dit: «Péladeau, comment se fait-il que tu sois ici?» Il ne m'avait pas vu de toute l'année précédente. En fait, je brassais toutes sortes d'affaires pour faire de l'argent, et je n'avais pas le temps d'aller à mes cours.

Vous n'assistiez pas à vos cours et vous avez quand même réussi à passer les examens?

Pour une raison très simple: j'achetais les notes de cours d'un autre étudiant. J'avais donc toutes les notes, sans aller aux cours, et je pouvais quand même travailler la matière. Ce n'était pas nécessairement la meilleure façon de faire... La preuve, c'est que, lorsque j'ai fini mon cours de droit, je ne connaissais rien en droit!

ÉTUDIANT EN PHILOSOPHIE

Avant d'entreprendre des études de droit, vous avez étudié la philosophie. Pourquoi? Vous qui aviez déjà à cet âge-là le sens des affaires, qui désiriez être riche, vous devenez étudiant en philosophie. N'y a-t-il pas là une contradiction?

Je ne pense pas. Je me suis fait mettre à la porte du collège Sainte-Marie au cours de l'année de rhétorique. En principe, j'aurais dû faire ensuite les deux années de philosophie.

Votre philo n'était donc pas faite.

Non.

Mais votre rhétorique était complétée.

Tout à fait. J'ai poursuivi en étudiant la philosophie, et je me suis dit que je devrais le faire de la meilleure façon possible. Je suis donc allé à l'université. Ainsi, au lieu d'obtenir un B.A., comme les autres, j'ai décroché un M.A. avec une licence en philosophie.

Que retenez-vous de la philosophie? À quoi vous a servi votre licence en philosophie?

J'ai appris à penser, à m'intéresser à différentes choses et, surtout, à lire. C'est là que j'ai commencé à lire Aristote, puis Platon. Par la suite, j'en suis venu à Nietzsche, à Pascal, etc.

Votre philosophe à vous, celui qui vous a le plus inspiré, c'est Nietzsche?

Sans aucun doute.

Plus que les philosophes grecs?

Sans aucun doute.

Il était pour vous un modèle, en quelque sorte?

Sans aucun doute.

Qu'est-ce qui vous a fasciné chez Nietzsche? Pour les gens qui nous lisent et qui ne connaissent pas bien sa pensée... comment pourriez-vous la décrire?

Je pourrais vous ramener ça à une dimension très simple. Ce qui m'a impressionné chez lui, et qui a été pour moi un élan, c'est que Nietzsche cataloguait les êtres humains en deux catégories: les faibles et les forts. Moi qui jouais pour gagner, ça résonnait très fort en moi. Les faibles, c'étaient les enfants, les malades, les infirmes, les femmes et les croyants. «Dieu est mort», disait Nietzsche. Ça me plaisait beaucoup.

Ça faisait votre affaire...

Tout à fait.

Vous savez pourtant que cette pensée de Nietzsche a conduit à des drames, à des abominations.

C'est faux. Ce sont des histoires. Pas plus que la pensée de Marx a conduit à des abominations...

Mais placer les forts d'un côté et les faibles de l'autre permet de justifier à peu près n'importe quoi!

On justifie toujours. Tout le monde justifie toujours tout, continuellement. Mais dans la philosophie de Nietzsche, le principe important est celui du choix. On choisit d'être d'un côté ou de l'autre, et on fait tout pour y arriver. N'importe qui peut faire ce choix. À part les femmes, bien sûr, qui ne peuvent se changer. Tout comme les malades ne peuvent se changer. Ils sont malades. Mais ce n'est pas ça qui me frappait. C'était le cas des croyants, placés par Nietzsche du côté des faibles.

Dieu est mort!

Oui. L'homme n'a pas besoin de Dieu. Il n'a pas besoin de se tenir dans les églises. Il doit tout ramener à lui et faire en sorte d'être lui-même Dieu.

Faire en sorte que l'homme soit Dieu... Et vous l'avez cru?

Oui, je l'ai cru. J'ai effectivement été athée, à partir de l'âge de 20 ans, jusqu'à 47 ou 48 ans.

*Nous reviendrons à cette dimension de votre per-
sonnalité, de votre redécouverte de Dieu. Cette
philosophie de Nietzsche — d'un côté les faibles,
de l'autre les forts — est-elle caractéristique du
comportement de Pierre Péladeau pendant une
grande partie de sa vie?*

Elle l'a été, oui.

*Vous parlez des femmes et dites avoir cru Nietzsche.
Vous semblez reconnaître qu'il s'est trompé dans le
cas des femmes.*

Non, ce n'est pas tout à fait cela. Je ne peux pas dire
que j'avais accepté sa position sur les femmes. J'ai
toujours eu d'excellents rapports avec les femmes
et j'ai toujours tenu pour acquis — je prenais ça
chez Platon — que les femmes étaient plus intelli-
gentes que les hommes. Je le crois encore, et de plus
en plus. C'est la raison pour laquelle je préfère fréquenter les femmes que les hommes, surtout les
hommes *dits* riches ou *dits* importants. Les conversations entre hommes *dits* riches ou importants se
limitent au golf, aux joueurs de hockey ou de
baseball, à ce qu'ils ont mangé la veille, à la marque
de leur voiture et à toutes sortes de banalités de la
vie.

*Monsieur Péladeau, vos principaux collaborateurs
sont des hommes ou des femmes?*

Des hommes, mais aussi des femmes. Je cherche des
femmes.

Mais ce sont surtout des hommes.

Oui. Présentement, oui. Mais ça dépend des endroits. Une femme est à la tête des 50 hebdos régionaux, une femme extraordinaire, qui en a fait un succès. Il y en a d'ailleurs plusieurs autres.

Nous reviendrons un peu plus tard à cette dimension des affaires. Restons, l'espace d'un instant, dans le domaine de la philosophie. Très souvent, dans le monde de l'éducation, on a délaissé la philosophie au profit de l'économie, des affaires, des M.B.A., comme si ça ne valait plus la peine d'apprendre la philosophie.

En fait, on n'apprend pas la philosophie. On étudie, on essaie de suivre le rythme suggéré par la philosophie. Par exemple, je reviens à ce que nous avons dit tout à l'heure. Platon lui aussi affirmait que l'économique a préséance sur le politique. L'important, ce sont les affaires, pas la politique. Et j'y crois fermement, moi aussi.

Je vais vous poser la question autrement. Un jeune vient vous voir et vous dit: «Je voudrais étudier la philosophie.» Que faites-vous? Allez-vous le décourager, comme bien des gens ont pu décourager des jeunes de poursuivre des études en humanités?

Non. Mon fils a fait exactement la même chose que moi. Il a lui aussi fait une licence en philosophie, puis en droit. Je ne l'ai pas encouragé; je ne l'ai pas découragé. Je me suis dit que c'était à lui de prendre ses décisions, de faire ses choix.

D'ailleurs, ce n'est pas mon rôle dans la vie de conseiller les gens. Combien de gens, chaque semaine, viennent me voir pour me demander conseil! La première chose que je leur dis, c'est que je ne leur donnerai pas de conseil, parce que je n'ai pas de conseil à leur donner. Je ne sais pas exactement qui ils sont, ce qu'ils veulent faire fondamentalement, etc. Je ne peux pas leur donner des conseils, comme ça, au hasard. Je peux leur dire, si ça les intéresse, ce que moi j'ai vécu, ce que j'ai fait dans des circonstances semblables. Mais c'est tout.

J'ai déjà entendu dire, en boutade, que Pierre Péladeau avait étudié la philosophie pour savoir ce qu'était l'homme et qu'il avait fait son droit pour savoir comment le piéger. Y a-t-il là une part de vérité?

D'abord, dans le droit, on n'apprend pas à piéger. J'ai étudié la philosophie pour être capable de comprendre ou de saisir les concepts. Ensuite, j'ai étudié le droit pour arriver à transposer ces concepts dans la réalité de la vie. Voilà la vérité.

Mais avez-vous l'impression d'être sorti de vos études de philosophie en étant plus conscient de ce qu'était la nature humaine?

Oui, parce que j'ai beaucoup lu. Il est évident que si on lit Platon, Aristote, Nietzsche, Pascal, enfin n'importe quel philosophe, on en sort enrichi sur ce qu'est l'être humain.

Vous n'avez pas été tenté par Marx?

Jamais. C'était très drôle: à cette époque, à l'Université de Montréal, nous étions trois ou quatre étudiants qui revenions ensemble des cours. Il y avait là un homme qui s'appelait Claude Gauvreau, frère du peintre et réalisateur. Il était marxiste-léniniste jusqu'aux oreilles... Nous nous engueulions vertement tout le long du retour, tous les jours. C'était classique.

Mais de Nietzsche, il y a une chose que vous n'avez pas mentionnée: on a dit de lui qu'il avait beaucoup d'intuition sur ce que serait le XXᵉ siècle. Est-ce que ça vous rejoignait, vous qui avez été un homme d'intuition? Avez-vous senti cette intuition chez Nietzsche?

On peut trouver une chose si on la cherche. Quand je lisais et étudiais Nietzsche, je n'étais pas à la recherche d'une intuition. Ce n'était pas ce que je cherchais. L'intuition, j'avais bien d'autres endroits pour la trouver!

Vous cherchiez une certitude. «Dieu est mort.» Ça vous convenait, ça vous libérait.

Pour moi, c'était l'absolu. À cette époque, je prenais un verre, tout un verre!

Même alors que vous étiez étudiant?

Oh! oui! Pourquoi est-ce que je prenais un verre? Pour la même raison que j'étudiais la philosophie. Je recherchais dans l'alcool ce que je cherchais dans la philosophie: l'absolu.

Les effets sont différents...

Eh bien, oui et non! Ils peuvent se rapprocher l'un de l'autre.

Est-ce que vous voulez dire qu'on peut aussi se perdre dans la philosophie?

Oh! oui! Nietzsche lui-même est sans doute le premier à s'être perdu dans la philosophie!

Peut-on dire que Nietzsche et les autres philosophes que vous avez côtoyés ont été pour vous des maîtres à penser?

Mon maître à penser ne fut pas un philosophe, mais un musicien: Beethoven.

Nous reviendrons à Beethoven et à votre passion pour la musique un peu plus loin. Des maîtres à penser, passons aux maîtres tout court. Il est aujourd'hui souvent de bon ton de blâmer les professeurs, d'affirmer qu'ils sont bien différents des professeurs d'autrefois. Avez-vous la nostalgie des maîtres de votre enfance?

Il y en a un seul dont je me rappelle et qui a été pour moi un homme extraordinaire. C'était un dominicain qui enseignait la métaphysique à l'Université de Montréal. Les dominicains sont généralement prétentieux, ils se donnent une importance... Mais celui-là était un homme de la terre. Quand il enseignait la métaphysique, il comparait toujours ses concepts avec des choses très concrètes. «Vous avez trois tomates, là. Et là, deux carottes...» Il nous faisait des démonstrations extraordinaires. Il est malheureusement décédé il y a quelques années. C'est un homme qui m'a beaucoup impressionné.

Mais pourquoi vous a-t-il plus impressionné que les autres? À cause de son réalisme, parce qu'il savait «garder les deux pieds sur terre»?

Parce qu'il était vrai. J'ai horreur des snobs, des prétentieux, des fats. Ils me tombent sur les nerfs. Je ne resterais d'ailleurs jamais avec des gens comme ça.

UN ÉTUDIANT... DÉJÀ EN AFFAIRES

Comme étudiant, vous deviez gagner de l'argent pour arriver à payer vos études. Quelles ont été vos premières entreprises?

J'ai travaillé tous les étés à partir de 13 ans, je crois. J'ai fait toutes sortes de choses pour être capable de payer mes études. J'ai même vendu des arbres de Noël.

Oui. Et c'est assez particulier comme entreprise... vous aviez démontré que vous étiez déjà un homme d'affaires averti. Comme vous n'aviez pas beaucoup d'argent, vous laissiez, semble-t-il, le camionneur décharger tous ses arbres, le vendredi soir... et vous lui faisiez un chèque daté du lundi suivant, alors qu'il s'attendait à ce que vous payiez comptant. À l'époque, il n'y avait pas de guichets automatiques...

Non. Et c'était très drôle. Le camionneur n'était pas très heureux d'avoir à attendre au lundi pour être payé, mais il avait encore moins le goût de recharger tous ses arbres dans son camion!

Et c'était payant?

Si je me suis mis à vendre des arbres de Noël, c'est justement parce que c'était plus payant que ce que j'avais fait avant. J'étais allé une année travailler au bureau de poste. Ils engageaient des étudiants pendant le temps des fêtes. Ils les payaient 50 $ ou 75 $. Je trouvais que ça ne valait pas la peine. Je me suis dit que je trouverais un truc pour arriver à gagner plus d'argent.

C'était la fin de la guerre. J'avais vu des gens vendre des arbres de Noël sur les coins de rue. Je me suis dit: «Moi aussi, je peux faire ça!» Alors, au lieu de gagner 50 $, je me suis fait 1 000 $ ou 1 500 $. C'était payant! Les années suivantes, j'ai non seulement continué, mais j'engageais des étudiants qui vendaient mes arbres de Noël sur différents coins de rue. Je louais des camions qui livraient mes arbres. Sauf la première année, où je n'avais pas assez d'argent. Alors, nous faisions nous-mêmes la livraison des arbres... en tramway. Après 23 heures, alors que les tramways étaient vides, nous partions chacun avec deux arbres de Noël et prenions le tramway.

Autrement dit, alors que vous n'étiez qu'étudiant, vous aviez déjà le sens des affaires?

Oh! bien avant ça! Lorsque j'avais 12 ou 13 ans, alors que nous demeurions sur la rue Stuart, à Outremont, notre voisin était propriétaire du club de tennis Le Stuart. Il y avait là cinq terrains. Un été, il n'avait trouvé personne pour travailler à son club. J'étais encore tout petit bonhomme, mais il a pris le risque et m'a engagé. Mon travail consistait à brosser les terrains, à les arroser et à les rouler. Les rouleaux étaient pas mal plus gros que moi! Je gagnais 6 $ par semaine.

Mais ce qui était intéressant, c'était la concession du petit restaurant du club de tennis. J'y vendais ce que je voulais.

Ce que vous vouliez?

Oui. Ce n'était pas nécessairement permis, mais je vendais de la bière! En plus, le poste de police était juste à côté... mais je me débrouillais pour vendre de la bière après les heures.

UN CHOIX DE CARRIÈRE?

On demande aujourd'hui aux jeunes de choisir très tôt leur carrière. Au secondaire, on leur donne même des cours de «choix de carrière». Pensez-vous qu'on demande aux jeunes de choisir trop tôt une carrière? Lorsque vous vous êtes dirigé vers la philosophie, aviez-vous une carrière en tête?

Pour les jeunes d'aujourd'hui, je ne pense pas que ça ait une grande importance, si on leur donne la possibilité de changer de direction en cours de route si leur choix ne leur convient pas.

Pour ma part, quand j'ai fait mes études de philosophie, j'avais l'intention de devenir imprésario. Tout au long de mes études de droit, pour gagner de quoi payer mes cours, j'ai organisé de nombreux débats à l'école Le Plateau, dans le parc Lafontaine. J'ai gagné beaucoup d'argent avec ça. Mon intention, en terminant mes études de droit, était de devenir imprésario. Il n'y en avait pas à l'époque. En fait, il n'y en avait qu'un: un monsieur Koudriazef, un associé de J.A. Desève, de Télé-Métropole. Il organisait toutes sortes de spectacles. Il avait fait venir les plus grands chefs d'orchestre. Il était assez âgé. Il vous ressemblait, mon cher Pierre... Il avait une petite barbichette blanche; il était très révérencieux. Il y avait un autre imprésario à New York. Je m'étais dit que je pourrais remplacer Koudriazef et devenir le plus grand imprésario en Amérique du Nord. Pendant ma dernière année de droit, j'avais même communiqué avec Benjamino Gigli, à Rome. Il était le plus grand ténor de l'époque. C'était le Pavarotti du temps. En somme, dans l'histoire de l'opéra, il y a eu Caruso, Gigli et Pavarotti. J'avais donc communiqué avec Gigli. Je voulais le faire venir ici et lui organiser une tournée à travers le Canada. Je n'avais pas un sou, mais ce n'est pas ça qui m'aurait arrêté!

Gigli n'a malheureusement pas pu venir, mais mon but était vraiment, à l'époque, de me lancer dans ce type d'affaires. Je me suis ensuite retrouvé dans les journaux. Ça n'a aucun rapport! Mais je n'ai pas fait de choix. Ça s'est fait tout seul, j'ai tout reçu sur un plateau.

ET LA POLITIQUE?

Vous nous parliez tout à l'heure de votre renvoi du collège Brébeuf, à cause des journaux que vous aviez accepté de distribuer pour soutenir la campagne de Jean Drapeau. Est-ce que ce fut une sorte d'expérience politique? Auriez-vous été tenté par la politique?

Pas à ce moment-là. En fait, ça ne m'a jamais vraiment attiré. Même si bien des gens m'ont souvent demandé de me lancer en politique... J'ai toujours trouvé que c'était du placotage beaucoup plus qu'autre chose. Moi, ça ne me suffit pas. J'ai besoin de défis plus grands que ceux-là!

Mais, par la suite, vous a-t-on identifié à un courant de pensée? Je pense au courant de Lionel Groulx... Quelles étaient vos valeurs de jeune Canadien français à l'époque?

C'est amusant que vous parliez de Lionel Groulx. J'ai longtemps servi la messe pour Lionel Groulx. Il demeurait tout près de chez moi. Nous étions plusieurs à servir la messe à tour de rôle. J'avais mon jour... À chaque fois, j'étais très ému. C'était un homme qui projetait une force incroyable, un très grand personnage.

Par la suite, j'ai suivi ses cours d'histoire du Canada à l'Université de Montréal, avec Janette Bertrand, entre autres.

Que pensez-vous de ce qui se dit aujourd'hui de Lionel Groulx? On parle parfois de courant xénophobe.

Ce sont des sottises. Lionel Groulx était québécois. Il était à 100 % pour le Québec. Cette histoire de xénophobie a été inventée par une jeune tête folle; ce sont des inventions sans fondement.

À une certaine époque, on vous a associé à un courant de pensée politique des années 40. Quelle était la pensée politique de Pierre Péladeau dans les années 40?

Je ne suis pas si sûr d'avoir eu une pensée politique à cette époque-là. Je sais à quoi vous faites allusion. Certains font grand état de ce qu'ils ont fait dans les années 40. Mais moi... je n'avais pas tellement de pensée politique. À mon sens, c'était plutôt une pensée philosophique. J'étais intéressé à discuter de philosophie, de sociologie, de société au sens d'Auguste Comte... mais pas de politique. Cependant, nous étions en guerre, à l'époque. Alors il fallait, bien sûr, prendre parti, d'une façon ou d'une autre.

Nous avions un voisin italien, grand ami de mon père, qui vendait des cigares. Un brave homme. Tous les dimanches, il mettait sa chemise noire de fasciste et allait faire une marche avec mon père sur le chemin de la Côte-Sainte-Catherine. Il parlait et gesticulait; il était très comique. Eh bien, quand la guerre a été déclarée, il a rapidement été arrêté et envoyé au camp de concentration de Petawawa! Ils l'ont gardé là pendant toute la durée de la guerre. Mais son fils, qui avait 18 ou 20 ans, a été appelé sous les drapeaux du Canada... pour faire la guerre aux Italiens! J'ai trouvé ça absolument cynique.

Mais dans la pensée politique de l'époque, il y avait un courant de résistance du NON à la conscription, NON à la participation à la guerre. Étiez-vous de ce courant de pensée?

Tout à fait! Et à fond de train! J'ai participé à toutes les assemblées qui se tenaient, comme tous les étudiants d'ailleurs. Nous n'étions pas intéressés à aller nous battre en Angleterre. Quand nous allions chez Eaton, nous nous faisions dire: «*Speak white! Speak English! You don't speak English?*» Nous n'étions pas du tout intéressés à aller nous battre pour ces gens-là! Pas du tout! Les Québécois n'étaient pas pro-Allemands. Ils n'étaient pas nazis ni fascistes. Ils étaient pro-Québécois!

On disait à l'époque pro-Canadiens français.

Tout à fait.

Vous avez d'ailleurs fait la distinction tout à l'heure à propos de Lionel Groulx. Était-il Québécois ou Canadien français?

Canadien français.

Parce qu'il rêvait d'un Canada français?

Oui.

LES VALEURS DU JEUNE PIERRE PÉLADEAU

Monsieur Péladeau, quelles étaient les valeurs d'un jeune homme canadien-français, qui avait le sens des affaires, dans un univers extrêmement fermé? Vous avez été sensible à Nietzsche, vous vouliez donc que Dieu soit mort. Mais quelles étaient vos valeurs en 1950?

Je ne pourrais pas répondre...

Aviez-vous des valeurs?

J'en avais sûrement. En fait, j'étais très nationaliste. Il n'y a aucun doute là-dessus. C'était ma principale valeur. Henri Bourassa et le chanoine Lionel Groulx étaient pour moi des héros. J'ai beaucoup participé au mouvement du Bloc populaire, avec André Laurendeau, Maxime Raymond.

Quelles étaient vos valeurs d'homme d'affaires naissant et vos valeurs d'homme naissant à la fin des années 40?

En vérité, je n'avais qu'une valeur: jouer pour gagner. C'était ça, ma valeur.

2
La naissance de l'empire Péladeau

Juillet 1969.

Je viens de me marier et, pour 20 $ de plus par semaine, je passe de reporter à CJMS à journaliste au *Journal de Montréal*, puis à chef de pupitre et, un an plus tard, je suis chef des nouvelles au *Journal de Québec*. Les salles de rédaction de ces deux journaux n'ont rien de comparable avec ce qu'elles deviendront.

À Montréal, *Montréal-Matin* mène le bal des journaux du matin. Mais il vient de recevoir son premier coup dur de Pierre Péladeau. Ce dernier a débauché Jacques Beauchamp et une partie de l'équipe des sports de son concurrent.

Derrière moi, dans la salle de rédaction, un immense panneau qui indique la progression du tirage, avec une cible à atteindre: dépasser *Montréal-Matin*.

Pas de syndicat, de longues heures, six ou sept jours par semaine de travail et la satisfaction de voir grimper le tirage. C'est là que je vois de près, pour la première fois, le phénomène Péladeau. Il arrive toujours pressé. Il remet en question la première page du journal du lendemain préparée par son rédacteur en chef Gérard Cellier (qui vient de mourir). Une fois sur deux, celui-ci fait à sa tête. En effet, le grand patron n'impose pas ses choix; il suggère plutôt. Pierre Péladeau brandit quelques exemplaires de tabloïds européens, histoire de nous faire comprendre les vertus d'une bonne mise en page: d'immenses photos et des textes très courts.

À 50 000 exemplaires, *Le Journal de Montréal* n'est pas encore sorti du bois. *Le Journal de Québec* encore moins. Mais Pierre Péladeau a déjà son chauffeur, son imprimerie et sa réputation.

Je n'ai pas son flair. Je ne soupçonne pas encore ce que deviendra Quebecor. Personnellement, je ne serai pas un de ses cadres millionnaires. Je me laisse attirer par la télévision de Radio-Canada, le point de mire des jeunes journalistes de l'époque, la mecque à atteindre. Je serai un ancien du *Journal de Montréal* qui enterrera quelques années plus tard son concurrent, *Montréal-Matin*.

Pierre Péladeau a gagné son pari.

* * *

Pierre Péladeau, pour vous, faire des affaires res-semble à un grand jeu. Vous dites: «Je veux jouer pour gagner.»

Oui.

C'était le leitmotiv de votre mère aux cartes, et c'était aussi le vôtre.

Oh! tout à fait!

Nous avons parlé de la naïveté de votre père. L'his-toire dit que votre père a été ruiné parce qu'il a cru à la parole donnée.

Oui.

En affaires, croyez-vous à la parole donnée?

Ça dépend des situations et des individus avec les-quels je traite. Il y en a plusieurs de qui je peux dire: «Je ne croirais pas à leur parole.» Mais il y en a éga-lement plusieurs de qui je pourrais dire le contraire. Je ne peux l'affirmer comme ça, de façon générale. C'est beaucoup plus nuancé. Et tout dépend aussi de la conséquence de la parole donnée. Il faut voir.

Que vaut la parole de Pierre Péladeau?

Je n'ai jamais manqué à ma parole.

Un jour, j'étais justement assis ici avec mes deux fils. Nous parlions de choses et d'autres. Ils me racontaient certaines choses qu'ils avaient entendues à mon sujet. Je leur avais dit: «Vous savez, il se peut que vous entendiez parler de plusieurs choses, des histoires de femmes, par exemple. Un certain nombre sont exagérées; certaines sont vraies, d'autres sont fausses. Dans certains cas, c'est vrai. Mais si jamais vous entendez quelqu'un dire que j'ai volé 5 sous qui ne m'appartenaient pas, vous pouvez lui mettre votre poing dans la figure parce que c'est faux! Je n'ai jamais fait ça de ma vie! Ce qui est à moi est à moi, ce qui est à l'autre est à l'autre.»

Je vais vous donner un exemple. Un jour — c'était à la fin des années 50 —, il y avait une véritable pénurie de papier. On ne trouvait de papier nulle part. J'avais même demandé à Maurice Duplessis d'intervenir auprès des compagnies. À l'époque, toutes les compagnies étaient anglaises. Aujourd'hui, nous en avons plusieurs, Cascades et d'autres... Nous commençons à contrôler notre production de papier au Québec. Mais ce n'était pas le cas à ce moment-là. J'avais donc fait appel à Duplessis qui avait menacé de passer une loi pour forcer les compagnies à répondre d'abord aux besoins des Québécois. Ce qui était normal. Elles exploitaient nos arbres, c'étaient nos hommes qui coupaient le bois... et elles envoyaient le tout aux États-Unis! Nous, nous n'avions rien. Qu'elles en vendent aux États-Unis, c'est très bien. Mais il fallait que nous puissions avoir notre part!

Alors, à cette époque, je reçois un camion de papier. Je ne l'avais pas commandé. Je ne comprenais pas. Nous nous sommes donc servi du papier. Un mois. Deux mois. Trois mois passent. Je ne reçois pas de facture. Pas un mot. Il y en avait pour 35 000 $. Je reçois la visite du fabricant de papier qui me demande si, par hasard, je n'avais pas reçu un camion de papier. Je lui réponds par l'affirmative. «Il ne vous était pas destiné, m'a-t-il dit. C'était pour Jacques Francoeur.» J'ai payé le papier. Je n'avais jamais reçu de facture, mais j'ai quand même payé le papier. J'aurais pu ne rien faire, ne rien dire. Personne ne l'aurait jamais su. Mais j'ai choisi d'être honnête. Personne ne peut me reprocher quoi que ce soit de ce côté-là.

Je vais vous reposer la question parce que j'ai l'impression que vous n'y avez pas répondu. Que vaut la parole de Pierre Péladeau?

Ah! elle vaut cher, très cher!

Si je fais avec vous une entente verbale, d'homme à homme...

Je vais la respecter.

Je peux vous faire confiance?

Oui.

On dit que vous êtes un homme très dur en affaires. Est-ce vrai?

C'est difficile à dire. Ce sont des mots... Bien sûr, je maintiens et je défends mes positions. Je vais les défendre à fond si je considère que c'est juste. J'ai toujours été prêt à négocier. Mais, bien entendu, arrivé à un certain point, j'arrête de négocier et ça s'arrête là. Il n'y a alors rien qu'on puisse changer.

LES DÉBUTS D'UN EMPIRE

LE JOURNAL DE ROSEMONT

Vous avez mentionné précédemment que vous rêviez d'être imprésario. Vous disiez qu'il y avait là beaucoup de possibilités... et la suite vous a donné raison. Il y avait de l'argent à faire là aussi. Peut-être pas autant que dans les journaux... Mais vous dites: «C'est un hasard.» Pourquoi acheter Le Journal de Rosemont? *C'est, en quelque sorte, le début de votre aventure d'homme d'affaires moderne.*

Je ne sais pas. J'ai posé beaucoup de gestes sans trop savoir pourquoi je les posais. Je sentais que c'était ce que je devais faire. C'était ma façon de travailler.

Pourquoi ai-je acheté *Le Journal de Rosemont*? Je fréquentais à l'époque une femme, qui est par la suite devenue mon épouse, Raymonde Chopin. J'allais régulièrement chez elle. Un de ses amis lui avait demandé de me dire que *Le Journal de Rosemont* était à vendre. Dès que j'ai appris cela, je suis allé rencontrer le vendeur et j'ai entamé des négociations. Il était question d'environ 5 000 $. Je ne voulais pas payer un tel montant. J'ai fait descendre le prix à 1 500 $.

De 5 000 $ à 1 500 $?

Ah! je fais souvent de bonnes affaires comme ça...

Vous étiez un bon négociateur.

Oh! oui! C'était un bon coup. Je savais de quoi je parlais. Je l'ai acheté pour 1 500 $, montant que je n'avais pas, d'ailleurs. J'ai dû l'emprunter à ma mère. Ce fut une des grandes négociations de ma vie, arracher les 1 500 $ à ma mère. Oh! j'en étais très fier!

Malheureusement, je n'avais pas pris toutes les informations que j'aurais dû prendre. J'avais foncé trop vite, je voulais trop acheter ce journal. Il ne faut jamais forcer une négociation. Il ne faut jamais vouloir à tout prix, s'accrocher à une chose, beau temps, mauvais temps. C'est toujours une erreur. Il faut savoir se dire: «Si je ne conclus pas cette affaire-là, j'en conclurai une autre.» Mais je me suis accroché à ce journal... J'ai donc payé les 1 500 $. Ce que je ne savais pas, c'est qu'il n'avait pas été publié depuis trois mois. *Le Journal de Rosemont* n'existait donc plus. J'aurais pu publier un journal du même nom... sans dépenser un sou!

Vous aviez acheté une coquille vide.

Exactement.

Cette affaire pouvait s'avérer un échec.

C'était en soi un échec, que j'ai réussi à renverser. J'ai pris le journal qui n'en était plus un et j'ai décidé de le remonter.

Et là, vous avez fait une chose qui a peut-être fait votre fortune, mais qui a peut-être aussi contribué à votre mauvaise réputation. Vous avez décidé dès le départ de jouer sur le physique de la femme. Vous avez organisé un concours de beauté, Miss Rosemont.

Ce fut un vrai succès. Une des gagnantes est devenue par la suite Miss Canada! Plusieurs autres ont circulé ailleurs et ont également bien réussi.

Il y avait à l'époque un journal qui organisait de tels concours... Miss Radio-Monde, un peu comme Miss Radio-Télévision, un peu plus tard.

Vous décidez donc d'organiser, à plus petite échelle, Miss Rosemont.

Oui. Et le concours a vraiment très bien fonctionné. Il n'y avait rien, à l'époque, dans ces petits journaux de quartier. Ils étaient ennuyants! J'ai donc mis sur pied Miss Rosemont. Je publiais aussi des pleines pages de potins. Je parlais de tout le monde... Tout le monde voulait savoir ce que le journal disait à son sujet. C'était ma technique pour faire vendre mes journaux.

Mais Rosemont, c'est bien petit pour les ambitions de Pierre Péladeau.

Oh! je ne suis pas resté là longtemps! Un an, un an et demi...

LA MULTIPLICATION DES JOURNAUX

Quand on se lance en affaires, on peut bien se dire: «Je construis à partir d'un journal, par exemple, et j'y concentre toutes les activités.» Ce n'est pas ce que vous avez fait. Dès le départ, vous organisez un concours de beauté, puis vous créez d'autres journaux. D'où vous est venue cette idée de multiplier l'expérience?

Cette idée, je l'avais dès le départ. J'avais l'habitude de prendre beaucoup de bière. Pourquoi j'en prenais 10 au lieu d'en prendre 3? Pourquoi j'en prenais 15 au lieu d'en prendre 10? Pourquoi j'en buvais 20 au lieu de 15? La raison est la même. J'aimais faire les choses en grand. Je partais toujours en grand.

Quand j'ai lancé *Le Journal de Rosemont*, j'ai par la suite immédiatement lancé *Le Journal de Montréal-Nord*, puis un autre qui s'appelait *Le Guide Saint-Laurent*. J'en ai ensuite acheté un dans Montréal-Est. Je possédais alors tous les journaux de la rue Papineau au bout de l'île, du nord au sud.

Vous aviez donc votre petit empire de journaux à potins.

Oui. Mais ce n'étaient pas des journaux à potins. Ils contenaient certes des potins, mais pas uniquement cela. Ils présentaient surtout des nouvelles locales.

La réputation du Pierre Péladeau de cette époque est celle d'un marchand de journaux à potins.

Plus tard, mais pas à cette époque-là. À cette époque, je possédais des journaux locaux, qui publiaient des nouvelles locales. Les journaux à potins sont venus un peu plus tard.

J'avais six ou sept hebdomadaires et je n'arrivais pas à trouver d'imprimerie pour les imprimer. Je faisais affaire avec une imprimerie de Verdun. Mais le directeur de l'entreprise a décidé de publier un journal concurrent aux miens dans un de mes territoires. Il faut dire que les territoires étaient relativement petits. Je lui donnais tout de même quelques centaines de milliers de dollars par année... et il a décidé de me faire concurrence. Ça n'a pas été long. J'ai retiré mes journaux de son imprimerie... peut-être un peu trop vite, car il me fallait trouver — et rapidement — un autre endroit pour les imprimer. Il y avait, à Notre-Dame-de-Grâce, une imprimerie de langue anglaise, The Monitor. J'y suis allé une semaine seulement: tous les mots étaient mal composés, c'était effroyable! Je ne savais plus où aller.

Mais j'ai eu de la chance. Dans ma vie, j'ai été chanceux!

Vous avez saisi vos chances.

Oui, je les ai saisies... et rapidement! J'apprends que le journal *Le Canada* va probablement fermer ses portes. *Le Canada* était un journal du matin appartenant au Parti libéral fédéral. Les libéraux trouvaient que le journal leur coûtait trop cher et ils voulaient le fermer. Je me suis donc précipité et je suis allé les rencontrer. Je leur ai dit: «J'ai des journaux. Vous avez une imprimerie. Imprimez mes journaux. Je vous donnerai 200 000 $. D'autres journaux vont venir avec moi. Rapidement, vous aurez un million de dollars de contrats d'impression.» Ils ont accepté mon offre. Plusieurs autres journaux m'ont suivi. J'ai donc pu faire imprimer chez eux pendant cinq ou six mois. Ça ne faisait toujours pas l'affaire des libéraux. Ils continuaient de parler de vendre le journal. Je me suis donc rendu, avec deux ou trois autres hommes d'affaires, à Ottawa avec une offre d'achat pour *Le Canada*. Mais les libéraux ne nous ont pas pris au sérieux et ont vendu aux Pères de Sainte-Croix, à Fides.

Vous aviez voulu acheter Le Canada!

Ah! oui! C'était en 1955 ou 1956... mais ça n'a pas marché. Fides achetait l'imprimerie, mais pour ses propres produits uniquement. Elle ne désirait pas prendre de contrats de clients extérieurs. Encore une fois, je n'avais plus d'imprimerie pour imprimer mes journaux.

Je suis allé rencontrer les gens de Fides. Il était question qu'ils achètent une nouvelle presse quatre couleurs pour imprimer des journaux comme

François, des revues pour les jeunes. Je leur ai offert d'acheter leur presse noir et blanc qui ne leur était plus utile.

Je me suis donc retrouvé avec une presse... il me fallait construire une imprimerie! J'ai d'abord trouvé un local rue Plessis et j'ai recueilli, ici et là, le reste de l'équipement nécessaire. C'est comme ça que nous avons commencé.

On avait refusé de vous vendre. On refusait d'imprimer vos journaux. Était-ce uniquement parce qu'ils ne voulaient pas imprimer quoi que ce soit d'autre, ou bien plutôt à cause de votre réputation, à cause du contenu de vos journaux?

Non. Il n'y avait aucun problème avec mes journaux, avec leur contenu. C'étaient des journaux de quartier. Les Pères de Sainte-Croix ne voulaient imprimer que leurs produits. Leur refus n'avait rien à voir avec mes journaux.

Vous auriez donc pu en rester à votre petit empire financier de journaux de quartier.

Oui.

Votre petit empire, votre imprimerie qui commençait...

Oui, mais je ne pouvais en rester là. À partir du moment où j'achetais une presse, à partir du moment où je bâtissais une imprimerie, il fallait que je la fasse fonctionner. Je ne connaissais rien au monde de l'imprimerie. J'ai dû trouver du personnel, des directeurs, etc. Une fois l'imprimerie bien installée, je n'avais plus le temps de m'occuper de mes journaux de quartier; j'étais là 24 heures sur 24! Je ne pouvais pas me permettre ça! Il a donc fallu que je me trouve des clients pour mon imprimerie. J'ai acheté et lancé des journaux: j'ai acheté *Radio-Monde, Le Journal des vedettes*, qui appartenait à *Allô-Police*, j'ai moi-même lancé un journal intitulé *Nouvelles et potins*.

L'interprétation qu'on fait du mot «potins» me fait bien rire. Dans ce nouveau journal, nous parlions beaucoup des gens. Si nous n'avions pas parlé de ces personnes sur qui nous faisions des articles, elles n'auraient, à toutes fins utiles, jamais été connues! Nous les avons fait connaître. C'est le cas du monde de la télévision. À cette époque, la télévision faisait ses débuts. Les journaux n'en parlaient absolument pas. *La Presse, Montréal-Matin* n'en disaient mot! Pour eux, la télévision était leur concurrent, leur adversaire. Mais ce n'était pas mon avis. Mes journaux ont parlé de la télévision, des artistes, des vedettes, etc. Nous avons fait exactement le contraire.

Vous m'avez dit tout à l'heure que vous avez décidé d'acheter une presse parce que vous vous retrouviez devant un mur, devant une possibilité d'échec. On peut donc dire que vous avez su transformer un échec, une difficulté en quelque chose de positif.

Tout à fait.

Et là, vous me dites: «Le fait d'avoir une presse m'obligeait, pour la faire tourner, à créer des journaux.»

C'est exactement ça. L'un a amené l'autre. La même chose s'est produite par la suite quand il a fallu distribuer les journaux. Nous avons dû bâtir notre maison de distribution. Mais ça, c'est un peu plus tard, après la création du *Journal de Montréal.*

J'ai commencé ma carrière comme éditeur au *Journal de Rosemont.* Pour répondre à mes besoins, j'ai lancé une imprimerie. Pour la faire fonctionner, je n'avais pas suffisamment de clientèle. Personne ne croyait en moi. «Il n'y connaît rien!» disait-on. Je me suis dit que si les autres ne venaient pas chez moi, je n'avais qu'à lancer et à acheter des journaux pour occuper mes presses. Mais je me suis fait exproprier lors de la construction de Radio-Canada.

Ils ont détruit tout un quartier, là où vous aviez établi votre imprimerie.

C'est ça. J'ai été obligé de partir de là. Je me suis retrouvé dans le nord de la ville, rue Port-Royal, où j'ai construit une imprimerie très moderne. Et là encore, le même phénomène s'est produit: j'avais déjà une grosse clientèle, mais pas assez pour rentabiliser mes nouvelles presses, ultramodernes et rapides.

Le flair, le désir d'être en avant des autres.

Oui.

Et vous n'aviez pas assez de clients, vous aviez du temps libre sur vos presses.

Exactement. C'est à ce moment-là que les circonstances m'ont amené à créer *Le Journal de Montréal*. Un quotidien, pour moi, c'était comme avoir six hebdomadaires d'un coup! J'ai donc sauté sur l'occasion.

LA CRÉATION DU JOURNAL DE MONTRÉAL

Vous avez donc créé Le Journal de Montréal *pour faire rouler vos presses?*

Tout à fait. Il y avait un vide à combler.

D'un échec ou d'un problème... une solution.

Oui. Je comblais à la fois le vide dans le fonctionnement de mes presses et celui causé par la disparition de *La Presse*.

Nous nous retrouvons autour des années 1964 ou 1965, pendant une grève au journal La Presse.

Oui. C'était en 1964. Je pensais à la création d'un quotidien depuis déjà quelque temps. Avec la grève de *La Presse*, j'ai vu que le moment opportun était arrivé. J'ai lancé *Le Journal de Montréal* à ce moment-là, mais ce n'est pas la grève à *La Presse* qui m'a poussé à créer un quotidien, j'y pensais déjà depuis longtemps. J'en avais même parlé à Jean-Louis Gagnon à quelques reprises. Il était en quelque sorte l'éminence grise de tous les quotidiens à Montréal. Un quotidien, c'était nouveau pour moi!

J'ai donc lancé *Le Journal de Montréal*. Pendant la grève de *La Presse*, le tirage est monté à 80 000. Un vrai succès. J'avais fait 100 000 $ de profits. Mais autour du 15 janvier 1965, la publication de *La Presse* a repris. Cette semaine-là, le tirage du *Journal de Montréal* est passé de 80 000 à 12 000! C'était absolument incroyable. Une véritable catastrophe.

Un des grands éléments de ma réussite est la présence à mes côtés de deux conseillers, deux hommes en qui j'avais une entière confiance et avec qui j'étais en relation constante: mon comptable et mon avocat. Je les consultais régulièrement au sujet des grandes décisions à prendre. Vous savez, il est assez rare qu'un avocat et un comptable, devant une même question, répondent tous deux la même chose. Souvent, l'un dit une chose et l'autre affirme le contraire. Devant la situation au *Journal de Montréal*, je les ai donc convoqués tous les deux et je leur ai demandé ce qu'ils en pensaient. Mon comptable m'a dit: «Pierre, prends tes 100 000 $ et ferme les portes. Tourne la page.» Mon avocat a répondu la même chose: «Tu as 100 000 $, que veux-tu de plus? Ferme les portes.» Pour continuer un an la publication du journal, j'évaluais les coûts à environ 800 000 $. «Que vas-tu faire? Jamais une banque ne te prêtera un tel montant!» me disaient-ils.

Je leur ai dit: «Je continue quand même.» Et je ne l'ai jamais regretté!

*Là, je vous prends au mot. Vos deux conseillers,
votre comptable et votre conseiller juridique, vous
suggèrent d'empocher vos 100 000 $ et de fermer
les portes. Rationnellement, à partir de leurs conseils, vous auriez dû fermer!*

Oui.

*Mais vous ne les écoutez pas, vous décidez d'y
aller sur une intuition?*

Oui.

Il n'y a rien de rationnel là-dedans!

Non. Mais comme je vous le disais tout à l'heure,
ça faisait longtemps que je pensais à un quotidien.
Je n'allais pas arrêter à la première difficulté. J'ai dit
à mes conseillers: «Vous avez peut-être raison. Peut-
être devrais-je fermer les portes. Mais je ne les fer-
merai pas. Je me donne trois mois. Dans trois mois,
je dois faire grimper le tirage de 12 000 à 25 000. Si
j'y arrive, c'est que l'affaire est viable. Je pourrai
donc poursuivre.»

C'est ce que j'ai fait. Vous ne me croirez peut-
être pas, mais après trois mois, le tirage avait atteint
24 994. C'était extraordinaire!

En jouant sur les chiffres...

Ah! non! Sans jouer sur les chiffres!

Mon bon ami Jacques Craig, décédé récemment, m'est arrivé à l'époque avec un projet. Il sug-
gérait de mettre, sur la première page du journal,
un timbre Goldstar.

Il faut rappeler aux gens qu'il s'agissait de timbres-primes dans les supermarchés ou dans les magasins.

Il y en avait partout. Au *Journal de Montréal*, nous en donnions un par jour... ce qui nous a permis de relancer le journal. C'est bête, mais le timbre valait plus que le journal lui-même... J'avais conclu une entente avec Goldstar, une entreprise qui appartenait à un de mes amis.

Mais revenons à la création du Journal de Montréal. *Vous avez profité du malheur de* La Presse... *ce qui a fait votre bonheur.*

Ce n'est pas tout à fait cela. Je n'ai pas fait leur malheur, je n'en suis pas responsable.

Mais vous en avez profité.

Pourquoi pas? Si j'avais fait du tort, c'est autre chose. Mais je ne leur faisais pas de tort!

N'est-ce pas de là que vient votre mauvaise réputation? J'aurai l'occasion d'y revenir plus longuement plus tard, mais certaines personnes du monde des affaires ne vous aiment pas. Le fait que vous profitiez de toutes les occasions pour «décapiter» un compétiteur y est-il pour quelque chose?

Non! Je ne décapitais personne! *La Presse* était une entreprise beaucoup plus importante que la mienne. Je n'étais qu'un petit débutant! Si j'avais été à *La Presse*, je ne me serais jamais préoccupé de ce jeune fou qui se lançait dans cette aventure sans trop connaître ce qu'il faisait. J'aurais agi comme eux: ils m'ont totalement ignoré. Et c'est là que se trouvait leur erreur. S'ils m'avaient suivi, ils auraient sans aucun doute eu une attitude différente. Et *La Presse* ne s'est effectivement jamais relevée de cet épisode de son histoire.

Monsieur Péladeau, que ce soit à Montréal ou à Québec, vous avez lancé des journaux à des moments où d'autres disparaissaient ou étaient en difficulté. Qu'est-ce qui fait que vous avez réussi? Vous étiez presque l'exception, à une certaine époque?

Oui, c'est vrai.

Pourquoi?

Je répondrais simplement: parce que mes journaux étaient bien faits et qu'ils répondaient à un besoin.

J'ai beaucoup aidé *Le Devoir* à se sortir du trou à un moment donné. J'ai investi jusqu'à deux millions de dollars pour le dépanner. J'étais heureux de le dépanner. D'autre part, je l'imprimais.

Vous dites l'avoir dépanné... mais l'histoire affirme aussi que c'était peut-être pour empêcher que votre principal concurrent, La Presse, *ne vous devance en cas de fermeture du* Devoir...

Oh! vous savez, les 25 000 exemplaires du *Devoir* n'auraient sûrement pas permis à *La Presse*, qui tirait alors à 160 000 ou 180 000, de nous devancer! *Le Journal de Montréal* était imprimé à 330 000 exemplaires! Nous n'étions pas faciles à rejoindre. Ce sont des choses qui se disent, mais qui sont sans fondement. Si j'ai aidé *Le Devoir*, c'est, d'une part, parce que j'aimais beaucoup Lise Bissonnette. D'autre part, j'ai dépanné *Le Devoir* avant même qu'elle y soit parce que je croyais que c'était un journal essentiel, comme le chanoine Groulx était un être essentiel au Québec.

Gérard Filion, directeur du *Devoir* à l'époque où j'ai lancé *Le Journal de Montréal*, en juin 1964, a déclaré avec grande éloquence que *Le Journal de Montréal* tomberait avec les feuilles d'automne... Nous ne sommes jamais tombés. Au contraire, nous avons aidé *Le Devoir* à se relever!

Vous dites que La Presse **n'aurait jamais pu vous dépasser, même si** Le Devoir **avait disparu. Puis-je vous renvoyer à votre commentaire de tout à l'heure en vous disant: vous ne négligez jamais un adversaire.**

Oh! non! C'est sûr! Je suis tout à fait d'accord.

Monsieur Péladeau, si nous parlions du contenu de votre journal. Vous avez fait du Journal de Montréal **un succès. Vous venez d'affirmer que** Le Devoir **était un journal essentiel. Le contenu de ces deux quotidiens est radicalement différent!**

Le tirage est aussi totalement différent!

Effectivement. Le Journal de Montréal, *ce fut longtemps «SSS: sexe, sport, sang».*

Ça n'a jamais été «sexe»! Nous avions une *pin-up* en page 7... si c'est ce que vous entendez par «sexe»!

Monsieur Péladeau, je me souviens très bien que la pin-up *de la page 7 provoquait beaucoup de réactions! C'était provocant, à l'époque!*

Pas des réactions. Il y avait quelques femmes du «Club des varices» qui rouspétaient, mais ça s'arrêtait à peu près là! Du sexe, il n'y en a pas eu.

Sport: oui, c'est très vrai. Nous étions le journal des sports au Canada, et nous le sommes encore d'ailleurs. Surtout avec Jacques Beauchamp. À peu près tous les grands sportifs de l'époque appelaient Jacques tous les jours! Johnny Ferguson, Serge Savard, etc. Il était le conseiller de tous les sportifs.

Le Journal de Montréal, c'était aussi «S comme dans spectacles». Je tenais pour acquis que la télévision était d'une importance capitale.

Vous l'avez dit tout à l'heure: vous avez été un des premiers à ne plus voir la télévision comme un concurrent, mais comme une source d'alimentation.

Pas «un des premiers», le premier! Haut la main! Les autres journaux n'en parlaient pas. *La Presse, Montréal-Matin, The Montreal Star* considéraient que la télévision était leur concurrent.

Mais vous tournez à peu près tout à votre avantage en affaires. Je me souviens d'une époque où vous avez piraté toutes les salles de rédaction des radios de Montréal en embauchant les journalistes de ces radios pour venir faire votre journal le soir.

Oui. C'était au début. Pour la simple et bonne raison que nous n'avions rien du tout! La Presse canadienne nous avait fermé la porte du revers de la main et refusait de nous apporter le fil de presse UPI. Qu'est-ce que j'ai fait? Je me suis dit: «Si vous ne voulez pas me le donner, je vais le trouver ailleurs.» J'ai demandé aux journalistes de la radio d'apporter les fils de presse et nous les utilisions. C'est tout.

Vous piratiez les agences de presse, en quelque sorte, par journalistes interposés.

Tout à fait. Mais c'est parce que la Presse canadienne ne voulait pas nous y donner accès.

C'était l'époque où on ne voulait pas de vous comme joueur.

Ils ne me visaient pas personnellement. Ils ne voulaient de personne. Ils ne voulaient pas d'autres joueurs, un point c'est tout.

PIERRE PÉLADEAU EN RELATION

Monsieur Péladeau, vous nous avez dit tout à l'heure qu'une des clés de votre réussite est que vous avez su vous entourer de collaborateurs de confiance. Vous avez parlé de votre comptable et de votre conseiller juridique.

Effectivement. Pendant toutes mes études, en 16 ou 17 années d'études, j'ai raté un seul examen. C'était au cours de ma dernière année de droit. J'ai échoué à l'examen de comptabilité.

Vous êtes un mauvais comptable...

Un très mauvais comptable.

... millionnaire!

[Rires] De cet échec, j'ai déduit que je ne serais jamais un bon comptable. Je n'aime pas ça! J'ai donc trouvé le meilleur comptable pour m'épauler: Charles-Albert Poissant, aujourd'hui président de Donohue.

Pour le droit, c'est la même chose. J'avais passé plus de temps à la taverne Saint-Régis, rue Sainte-Catherine, à boire de la bière avec des amis, qu'à étudier ou aller à mes cours. Dans une année, j'étudiais uniquement pendant les trois derniers mois, avant les examens. J'ai terminé mes études de droit... sans connaître vraiment le droit! Il me fallait donc aller chercher un avocat de qualité, que j'ai trouvé en la personne de Wilbrod Gauthier, un homme brillant qui avait plaidé contre moi dans une cause. Il est aujourd'hui président du conseil d'administration de TQS.

Monsieur Péladeau, vous êtes un homme qui semble être fidèle à ses collaborateurs. J'ignore combien d'infidélités il y a eu par la suite... Parlons de Jacques Beauchamp, un homme qui fut très important dans le succès du Journal de Montréal. *Je vous parlais tout à l'heure de votre manière de «décapiter» vos adversaires. Lorsque vous avez réussi à séduire Jacques Beauchamp, vous «décapitiez» votre principal concurrent,* Montréal-Matin.

Oui. En fait, ça s'est passé d'une façon fort intéressante. J'avais parlé à Jacques Beauchamp à plusieurs reprises, lui demandant de se joindre à l'équipe du *Journal de Montréal*. Il refusait toujours, affirmant qu'il était bien chez *Montréal-Matin*. Mais un jour, j'ai entendu dire que Jacques Beauchamp était en guerre contre le patron du journal, qui n'était pas un homme du métier, d'ailleurs. Jacques Beauchamp ne pardonnait pas aux gens qui n'étaient pas du métier de lui dire quoi faire. J'étais assez surpris d'apprendre cette nouvelle. Jacques m'a téléphoné. Il était en furie. Il m'a dit: «Je serais prêt à discuter avec vous.» Le midi même, je l'ai emmené manger au Club canadien. «Que se passe-t-il?» «Je veux laisser *Montréal-Matin*. J'en ai assez de ce gars-là.» Vous savez, Jacques n'était pas un homme à déblatérer contre qui que ce soit. Il ne parlait jamais contre les autres. Mais là, il en avait assez, il voulait partir. «Voulez-vous de moi, avec deux ou trois de mes hommes?» «Oui.» Je lui ai demandé combien il gagnait au *Montréal-Matin*. «Je ne peux pas vous donner un tel salaire! Je pourrais vous le donner, mais ça va être très serré... D'accord, je vais vous le donner, mais pas plus.»

Jacques Beauchamp a donc quitté *Montréal-Matin* et s'est joint à l'équipe du *Journal de Montréal*, sans augmentation de salaire. Il est venu chez nous pour la bataille. Jacques était un batailleur.

Mais, Monsieur Péladeau, beaucoup de gens ne croyaient pas à la survie du Journal de Montréal. *Personne ne pouvait prévoir que* Montréal-Matin *disparaîtrait!*

Montréal-Matin tirait à plus de 150 000 à ce moment-là, et nous tirions à environ 50 000. L'arrivée de Jacques Beauchamp a fait augmenter le tirage de 25 000 d'un coup. Ce fut l'élan qui nous a permis de relancer le journal.

Nous pouvons le mentionner sans trahir sa mé- moire, parce que c'était de notoriété publique: Monsieur Beauchamp avait certains problèmes. L'histoire veut que vous l'ayez aidé et que ce fut peut-être une part de votre négociation. Vous aviez fait une sorte d'entente avec lui: «Je t'aide à te sortir de tes problèmes...»

Oui. Mais ce n'était pas surtout ça. J'avais donné à Jacques une participation dans le journal, 25 ou 33 %. Je lui avais dit: «Si tu as besoin d'argent, tu pourras emprunter sur tes parts. Et quand tu voudras vendre tes actions, tu pourras te faire de l'argent.» C'est ce qu'il a fait en 1972. Malheureusement, Jacques avait le défaut de jouer aux courses, c'était une manie terrible.

Vous en avez donc profité. J'ai l'impression qu'il vous est souvent arrivé de profiter de situations particulières dans la vie des gens pour en quelque sorte vous les attacher.

Pas pour me les «attacher». Dans le cas de Jacques Beauchamp, c'était pour lui permettre de sortir de ses problèmes, pas pour me l'attacher.

Mais ça vous a bien servi! Ça vous a rapporté beaucoup.

Cela va de soi.

Vous devez beaucoup à Jacques Beauchamp.

Oui. Jacques Beauchamp est le grand responsable du succès du *Journal de Montréal*. L'autre grand responsable, sans que cela paraisse, est Jacques Craig, avec son idée de donner des timbres Goldstar.

Ce qui vous a permis de faire grimper votre tirage à 25 000 exemplaires et de poursuivre.

Oui. Plusieurs personnes ont joué des rôles importants dans le succès du *Journal de Montréal*. Une de ces personnes est Mélinda Turgeon, à l'époque secrétaire générale du quotidien.

La mère du comédien Serge Turgeon?

Oui. C'était une femme extraordinaire.

On a retrouvé parmi vos collaborateurs ou votre personnel des gens que bien d'autres n'auraient pas embauchés. Je me souviens d'anciens felquistes, de personnes qui n'avaient pas un dossier tout à fait vierge. Autrement dit: devant un dossier de prison, vous ne fermiez pas la porte.

Ah! non! Pas du tout! Ce qui m'intéressait, c'était l'individu. S'il me plaisait, si je voyais en lui une possibilité de créer quelque chose, je l'engageais. C'était aussi simple que cela. En même temps, je savais que j'aidais cette personne et que sans moi, elle aurait des problèmes.

Je reviens à ma question de tout à l'heure: cela signifie que les individus en question vous étaient redevables de beaucoup. Ils avaient plus ou moins de liberté et vous étaient en quelque sorte attachés?

Non, parce qu'une personne qui travaillait pour moi, qu'elle soit felquiste ou autre, quand elle passait deux ans chez nous, elle était automatiquement bien cotée sur le marché des journaux. Je n'engageais pas n'importe qui. Je ne prenais que des journalistes et des employés de qualité. Il y en a même plusieurs qui ont obtenu des positions d'autorité.

Avec ce que vous venez de me dire, je vais hésiter à vous poser ma prochaine question... Je me souviens avoir travaillé au Journal de Montréal, *c'était un mois ou deux après l'arrivée de Jacques Beauchamp. On ne roulait pas sur l'or, à cette époque.*

En effet! Je ne savais jamais si j'arriverais à joindre les deux bouts. Les profits de l'imprimerie étaient réinvestis immédiatement dans *Le Journal de Montréal*. Avant de devenir rentable, *Le Journal de Montréal* a été subventionné grandement par mes autres entreprises. Sans celles-ci, je n'aurais pas pu poursuivre l'aventure du *Journal*.

Mais vous aviez déjà votre chauffeur à ce moment-là?

Non, ce n'était pas un chauffeur. C'était un homme que je dépannais. Il avait fait un coup pendable... et je l'avais pris avec moi.

Vous aviez déjà l'âme de celui qui accueille, qui recueille.

Ce n'était pas tellement ça. J'ai toujours été pour la justice. Lorsque je voyais quelqu'un qui avait peut-être été traité injustement, j'essayais de l'aider. Je n'accepte pas l'injustice.

Au point d'accepter les repris de justice auprès de vous, parfois?

Ce n'étaient pas nécessairement des repris de justice. J'ai déjà engagé un homme, un dénommé

Mitchell, qui avait été condamné à 25 ans de pénitencier, et puis gracié pour une raison quelconque. Je l'ai pris comme chauffeur et il a été très bon, jusqu'au moment où certaines personnes lui ont fait un coup. Il a alors perdu les pédales et s'est remis à déconner.

PIERRE PÉLADEAU, LE RESPECTABLE?

Monsieur Péladeau, pour faire des affaires, étiez-vous prêt à pactiser avec n'importe qui?

Je ne peux pas répondre à cela. La question est mal posée...

Je vais vous la reposer. Jusqu'où êtes-vous prêt à aller pour faire des affaires?

Tout dépend de l'intérêt qu'on peut en retirer... mais sans embarquer dans des manœuvres frauduleuses. Je n'ai jamais touché à cela.

Êtes-vous prêt à pactiser avec le diable, si ça peut être payant?

Il n'y en a pas, de diable.

Vous qui avez cru à «Dieu est mort»...

Je pense aujourd'hui que c'est le diable qui est mort. Je ne crois pas au diable.

«Dis-moi qui tu fréquentes et je te dirai qui tu es.»
Vous vous êtes allié à un puissant baron de la
presse britannique, un homme au passé trouble,
Robert Maxwell.

À l'époque, je ne connaissais pas son passé trouble.

Lors d'une soirée, il accueillait Philippe de Gaspé Beaubien, F.E. Ritchie,
Jean Doré, le magnat de la presse britannique, Robert Maxwell,
et Charles-Albert Poissant.

Vous ne connaissiez pas Robert Maxwell?

Non. Personne ici ne le connaissait. Robert Maxwell
a côtoyé des premiers ministres, au Canada, au
Québec; il avait ses entrées chez Robert Bourassa...
mais personne ne le connaissait vraiment. Tout ce
qu'on savait de lui était cette magnificence qu'il
déployait. Il était le plus grand *namedropper* qu'on
puisse trouver. Il était vraiment incroyable.

Que voulez-vous dire?

Dans la conversation, il pouvait laisser échapper des phrases du genre: «J'ai parlé de ça ce matin avec George.» Il s'agissait de George Bush, président des États-Unis... «Hier matin, j'ai rencontré Margaret... Margaret et moi avons discuté...» Margaret Thatcher, bien entendu. Toute sa conversation était émaillée de telles affirmations. Tout le monde croyait que c'était un personnage extraordinaire, y compris les banquiers anglais. Les banques se sont fait embarquer par cet homme-là d'une façon incroyable, autant en Angleterre qu'ici, au Canada.

Pierre Péladeau s'est-il fait embarquer par cet homme-là?

Non. Non. Pas du tout.

Je vois votre sourire, vos yeux qui brillent... Vous vous êtes allié à Robert Maxwell.

Oui. Quand j'ai acheté Donohue, au coût de 356 millions de dollars, j'avais besoin d'un partenaire. C'était beaucoup d'argent. Je n'avais pas les moyens de tenir ça tout seul. J'ai laissé entendre que je serais intéressé à trouver un partenaire. Un jour, j'ai reçu un coup de téléphone du président de la Banque de Nouvelle-Écosse, que je connaissais bien. Il venait ici, au Québec — il avait une maison à Sainte-Adèle — une fois par année, en décembre, pour avoir le pouls du Québec. Nous étions assez intimes. Il m'a appelé et m'a dit: «Pierre, tu cherches un partenaire? Je pense que j'en aurais un pour toi.» «Qui?» «Maxwell.» «Je ne le connais pas.»

«Robert Maxwell.» «Je ne le connais pas.» «Robert Maxwell, le propriétaire du *London Mirror*.» «Je connais ça.» Je savais que le *London Mirror* tirait à 4 millions d'exemplaires par jour... Je m'apprêtais à acheter une compagnie de papier qui en produisait en grande quantité, et j'allais avoir besoin de clients!

Ça consomme du papier, un tirage de 4 millions par jour!

«Certainement! Je veux le connaître.» Le lendemain, Maxwell était ici, au Ritz.

Vous connaissant, Monsieur Péladeau, diriez-vous que c'était une erreur pour Maxwell d'arriver dès le lendemain?

Non.

Mais vous saviez qu'il était très intéressé.

Je savais qu'il était très intéressé parce que je savais qu'il avait des problèmes en Angleterre avec le papier, à cause de son concurrent, Murdock. J'avais suivi cette affaire. Lorsqu'il est arrivé ici si rapidement, je me suis dit qu'il avait vraiment des problèmes.

Je me suis donc rendu au Ritz. Sans perdre une minute, je lui ai dit: «Monsieur Maxwell, ma proposition est la suivante: 51 % pour Quebecor, 49 % pour vous. *That is it.*»

Des 356 millions de dollars.

«Si ça vous intéresse, c'est ma proposition.» «Jamais de la vie! Tu penses qu'on va mettre des centaines de millions de dollars dans Donohue tout en acceptant d'être minoritaires? Ça ne tient pas debout!» Il a gueulé comme ça pendant un bout de temps. Au bout de quelques heures, il a fini par dire que peut-être à 50-50, il discuterait. Je lui ai dit: «Ma proposition est 51-49, pas 50-50. Est-ce assez clair? C'est ma proposition. Tu es libre de l'accepter ou non...» Nous avons discuté encore longtemps. Finalement, fatigué, je me suis levé et je suis parti. Il est venu me chercher dans le corridor: «Viens donc! Viens donc! On va s'entendre, on va faire un *deal*.» Et il a accepté mon offre.

51-49?

Oui. Heureusement, parce qu'autrement, j'aurais parfois eu des problèmes. Peu de temps après, le président de Donohue a démissionné. Chez Quebecor, nous ne connaissions rien au papier. Nous achetions beaucoup de papier, mais nous ne savions rien de sa fabrication. Je me suis donc retrouvé sans président pour Donohue, sans associé principal qui connaisse le métier. Maxwell m'a appelé de Londres (ce qu'il faisait deux fois par jour) et m'a dit: «Tu n'as plus de président.» «On dirait bien que non.» «Qui vas-tu nommer?» «Je ne sais pas encore. J'ai quelques idées, mais je n'ai rien décidé. Peut-être Charles-Albert Poissant.» «Mais il ne connaît rien au papier! Il n'y connaît rien du tout!» «Dis-moi, Robert Maxwell, est-ce que tu t'y connais, toi, dans le papier? Tu as investi 175 millions dans la compagnie, 175 millions dans une affaire que tu ne connais pas? Albert Poissant en connaît plus que toi dans le papier... et il n'a pas investi 175 millions, lui! En passant, j'aimerais que tu le saches une fois pour toutes et que tu en prennes bonne note: je possède 51 % et toi, 49 %. C'est moi qui suis le patron. Est-ce clair? Poissant sera le prochain président de Donohue.»

Voilà donc ce qui s'est passé, et Poissant a fait de Donohue un succès extraordinaire.

Cette association avec Maxwell vous a-t-elle été profitable?

Assurément! J'aurais eu de la difficulté à trouver quelqu'un qui accepte d'investir dans le papier à cette époque.

Mais lorsque l'empire de Maxwell s'est effrité?

Ça ne dérangeait rien. Il avait 49 % des actions. Nous avons fait une proposition pour en racheter une partie. Il n'y a eu aucun problème.

Et vous n'aviez pas du tout soupçonné le passé trouble de Maxwell?

Ah! personne ne le soupçonnait! Personne! Même les grands personnages politiques dont il parlait — il y avait des éléments de vérité là-dedans, tout n'était pas faux! — n'avaient rien su.

Je vous ai posé cette question parce que j'ai eu l'impression que, pendant une bonne partie de votre carrière, Monsieur Péladeau, vous avez couru après ce que j'appellerais la respectabilité. Beaucoup de gens n'ont pas voulu vous reconnaître de respectabilité comme homme d'affaires. Plusieurs portes se sont fermées devant vous.

C'est faux. Ce sont des histoires de...

... de journalistes?

De journalistes. Ce n'est pas vrai.

Monsieur Péladeau, quand vous avez voulu inscrire Quebecor en Bourse, dans certains milieux, on vous a fermé la porte, on ne voulait pas de vous.

Non, ce n'est pas du tout cela! Pas du tout! On voulait de moi, mais à des conditions qui ne faisaient pas mon affaire. J'ai fait la rue Saint-Jacques. Je disais: «Je veux avoir un multiple de 20 pour mon entreprise.»

Vous vouliez coter la valeur de l'entreprise à 20 fois ses profits.

Oui, c'est cela. Aujourd'hui, c'est moins que ça, mais à l'époque, c'est ce que c'était. Je venais d'acheter une entreprise à LaSalle. J'avais payé pour l'acheter 14 fois, je crois, et rue Saint-Jacques, on m'offrait 10 fois les profits. Je leur ai dit: «Êtes-vous fous? Ça ne tient pas debout! Ce n'est pas ça, les affaires! Moi, je veux 20 % et c'est tout. Si ça ne fonctionne pas, je vais aller ailleurs.»

J'avais un ami à New York, Pierre Rinfret. Il avait été conseiller économique du président Nixon. Je l'ai appelé et lui ai dit que sur la rue Saint-Jacques, ici à Montréal, je n'arrivais pas à avoir mon prix. Il m'a demandé le volume de profits de notre entreprise. Je le lui ai expliqué rapidement au téléphone. Il m'a dit: «Viens vite. Viens me rejoindre à New York.» J'y suis allé avec Charles-Albert Poissant. Pierre Rinfret m'a dit: «Je vais t'obtenir ce que tu veux.» C'est tout. Et nous l'avons obtenu.

Ce n'était donc pas parce que la Bourse de Montréal ne voulait pas de nous. Bien au contraire! Mais là, à mon retour, j'ai eu beaucoup de plaisir à retourner rue Saint-Jacques et à montrer à ceux qui m'avaient refusé qu'ils avaient laissé échapper une bonne affaire. Ils ne le croyaient pas, mais ils ont bien dû admettre que c'était vrai!

Mais pensez-vous que tous les gens d'affaires du Québec et du Canada accepteraient de faire des affaires avec Pierre Péladeau?

Certainement. Je suis un homme responsable, d'une part, et rentable, d'autre part. C'est évident! N'importe qui accepterait! Ce sont des histoires de Radio-Canada, de petits jeunes comédiens qui répètent des choses... il n'y a rien de vrai là-dedans.

Mais, Monsieur Péladeau, vous avez voulu acheter des journaux au Canada anglais, à Toronto. Il y a eu une levée de boucliers, une campagne contre vous.

C'est autre chose. Mais même là, si j'avais voulu, j'aurais pu arriver à mes fins. Je n'ai pas accepté de me battre avec eux, je n'ai pas de temps à perdre avec ces choses-là. J'ai offert 325 millions de dollars. Le groupe qui a eu gain de cause a offert 440 millions! C'est pour ça qu'il l'a eu. En plus, ils ont fait une campagne contre moi, mais ce n'est pas ce qui a fait la différence. Quand on parle de tels montants, on peut dire bien des choses sur un individu, ce n'est pas ce qui compte. Je peux dire bien des choses sur Conrad Black, mais peu de gens refuseraient de faire des affaires avec lui!

Mais une telle charge à fond de train contre une personne, comme ce fut le cas contre vous à Toronto, est très rare.

Dans ce cas-là, c'était parce qu'il s'agissait de francophonie. C'était uniquement parce que je suis francophone.

Est-ce que ça tient à vos prises de position politiques, à vos déclarations?

Pas du tout! Nous avons offert 325 millions de dollars; les autres, 440. Ils ont accepté l'offre la plus élevée. Cela va de soi!

Mais je reviens à tout ce qui s'est écrit à ce moment-là à votre sujet. Vous dites que ça tient à la francophobie?

C'est l'éditrice du *Financial Post* qui est à l'origine de tout cela. Elle est reconnue à travers le monde comme étant «anti-Québécois».

Mais vous faites des affaires au Canada anglais.

Ah! oui! Certainement. Beaucoup. Plusieurs millions.

SES PRISES DE POSITION

Cette expérience vous a-t-elle amené à être plus prudent quant à vos déclarations? Je me souviens, par exemple, que lors du dernier référendum, vous avez voulu être prudent dans vos déclarations publiques.

Je n'étais pas prudent, Pierre. Je considérais — et c'est ce que je crois encore aujourd'hui — que ce n'était pas mon rôle de faire des déclarations publiques sur la politique. C'est encore moins mon rôle de dire à mes employés d'aller voter pour un tel plutôt que pour un autre.

Mais diriez-vous que vous en aviez assez dit pour que les gens sachent où vous vous situiez?

Ce que j'ai dit a été interprété à volonté. Je m'en balance! Ça date de 1967, alors que j'avais engagé René Lévesque comme chroniqueur au *Journal de Montréal*.

1967 ou 1970? Se pourrait-il que ce soit après l'échec des élections de 1970?

Oui, c'est cela. René Lévesque se retrouvait sans emploi. Tout le monde le fuyait. Je lui ai offert d'écrire une chronique dans *Le Journal de Montréal*.

Il a accepté, ce qui fut très bon pour moi, pour le journal. Il a fait grimper le tirage! Les gens m'avaient mis en garde: «Tu vas te faire étiqueter comme péquiste.» Je m'en foutais. Les gens peuvent dire de moi ce qu'ils voudront. Je sais ce que je veux et comment l'obtenir. Ça ne regarde personne. Mais évidemment, des gens dans certains groupes, des gens dits importants, sont jaloux. Ce sont pour moi des *nobody*.

Mais vous avez déjà dit que la situation politique du Québec ne vous inquiétait pas.

Non, et je le répète.

Votre discours est différent de celui de certains hommes d'affaires. Vous avez, je crois, croisé le fer sur cette question avec Monsieur Beaudoin, de Bombardier.

Je comprends Bombardier. À sa place, j'aurais peut-être fait la même chose que lui.

Quelle est la différence? Parce qu'il vend des avions et vous, des émotions?

Non. C'est bien plus réel que cela. Bombardier reçoit beaucoup de subventions du fédéral!

Est-ce que ça peut tenir aussi à la nature de vos entreprises?

Oh! non!

Mais Le Journal de Montréal, *vous devrez toujours le publier à Montréal?*

Oui. Mais *Le Journal de Montréal* est bien plus important que les avions. Avec *Le Journal de Montréal*, on peut remuer bien des choses. Les avions font du bruit, c'est tout!

Mais votre Journal de Montréal, *vous pouvez moins facilement le déménager ailleurs, contrairement à Bombardier qui pourrait déménager.*

Je n'en suis pas si sûr. Je ne connais pas l'entreprise Bombardier pour savoir s'il lui serait possible de déménager aussi facilement. Ça ne doit pas être si facile de déménager Bombardier.

Vous avez parlé de René Lévesque... Avait-il raison dans sa démarche politique, dans sa pensée politique?

Je le dis et je le répète, pour moi, René Lévesque est le plus grand homme politique que nous ayons eu au Québec. C'était un homme franc, authentique, un homme qui souhaitait le bien de tous. Il a toujours été pauvre et il est mort pauvre. C'était un homme vrai, intelligent.

Monsieur Péladeau, vous avez dit que votre père respectait la parole donnée... et il fut ruiné. René Lévesque a lui aussi respecté sa parole... et il a perdu son pari.

Je ne sais pas s'il l'a perdu. Je ne dirais pas qu'il l'a perdu. En fait, je dirais qu'il ne l'a pas terminé. Ce qui existe aujourd'hui sur le plan politique découle de l'œuvre de René Lévesque. Tout cela n'aurait pas vu le jour sans René Lévesque. Il a été un précurseur.

Pierre Elliott Trudeau a joué pour gagner... à la Pierre Péladeau. Il a gagné.

Pierre Elliott Trudeau est né avec une cuiller d'argent et d'or dans la bouche. Et pour moi, il n'a pas gagné.

Il était à Brébeuf, un peu plus âgé que vous, je crois.

Oui. Il avait quatre ou cinq ans de plus que moi. Il se faisait même conduire au collège par un chauffeur.

Et vous n'aimiez pas les gens qui se faisaient conduire.

Oh! non!

Vous les enviiez.

Oui, beaucoup.

Vous ne vous en cachez pas.

Oh non! Je ne me cache de rien.

LE NÉOLIBÉRALISME

Êtes-vous devenu un fervent disciple du néolibéralisme? Vous avez déjà dit que pour vous, l'important dans les affaires, c'est le profit. Profit. Profit. Profit.

Les Américains disent: «*The name of the game is profit.*» Sans profit, il n'y a pas d'entreprise. Personne ne va faire fonctionner une entreprise pour perdre de l'argent. Il va peut-être en perdre un peu, mais ensuite, il fermera les portes. Il faut donc qu'il y ait un profit. Ce n'est pas moi qui le dis, c'est la réalité. Ce sont les faits.

Ceux qui, à un moment donné, se sont mis à parler contre les profits, remarquablement ils faisaient tous de l'argent avec Radio-Canada ou avec des entreprises paragouvernementales.

Oui, mais êtes-vous à l'aise dans le courant néolibéraliste? Êtes-vous un néolibéral au sens des affaires?

Je ne le sais pas. Et ça m'est égal. Lorsque j'entre dans mon bureau, que j'ai des problèmes à régler, qu'ils soient humains ou financiers, je ne me demande pas si je suis ou non un néolibéral...

L'AVENIR DE L'EMPIRE

Un tournant vers la diversification

On a pu parler, dans votre empire, de certains tournants. Je pense à la naissance du Journal de Montréal, *par exemple. À quel moment s'est faite cette diversification qui vous a conduit beaucoup plus loin? Votre entreprise a en effet ceci de très particulier: elle est intégrée verticalement. Tout s'imbrique. À quel moment s'est faite cette intégration?*

Il n'y a pas vraiment de moment précis. *Le Journal de Montréal*, il a fallu le distribuer. Quand le tirage a baissé de 80 000 à 12 000 exemplaires, le distributeur avec qui nous faisions affaire a refusé d'en poursuivre la distribution. J'ai alors décidé de monter une maison de distribution. J'ai acheté 50 camions en 24 heures. C'était en 1965. J'ai acheté toutes les camionnettes disponibles à Montréal et j'ai mis sur pied une entreprise de distribution...

... qui allait également distribuer tous vos autres journaux.

Tout à fait. Je commençais quelque chose pour répondre à mes besoins.

Le besoin crée l'organe.

Exactement. Quand j'ai commencé mes imprimeries, c'était dans le but d'imprimer mes journaux.

Puis, j'en ai imprimé d'autres. J'ai eu plusieurs clients extérieurs. Dans le cas de la distribution, ce fut la même chose. J'ai commencé par distribuer mes journaux. Je disais aux gens: «Il faut que nous ayons une bonne maison de distribution, parce que c'est moi qui la dirige et c'est pour mes affaires.» Si ce n'était pas bon, nous perdions!

Vous vous retrouvez aujourd'hui en Europe, en Asie, aux États-Unis, au Canada anglais, au Québec. Le nom de Quebecor se retrouve actuellement sur trois continents. À quel moment s'est amorcé cet essor vers la mondialisation?

Plusieurs événements ont conduit à la mondialisation, mais pas de moments précis. Si nous avons acheté en Europe, par exemple, c'est parce que nous avions conclu l'achat d'une série d'imprimeries aux États-Unis, au coût de 400 millions de dollars. Une grosse affaire. Mais le gouvernement américain a une espèce de «chien de garde» pour éviter le monopole. Ils devaient prendre le temps de discuter de la transaction, vérifier s'ils pouvaient nous l'accorder ou non. Pendant ce temps, nous ne pouvions pas nous servir des imprimeries. Mon argent traînait là, aux États-Unis, et ne servait pas. Alors, je me suis dit: «Allons en France.» J'ai envoyé mes deux fils, Érik et Pierre-Karl.

Érik visitait une imprimerie nommée Fécomme, et Pierre-Karl allait en voir une autre, Didier, le plus gros imprimeur de France. Après étude, j'ai décidé d'acquérir Fécomme, histoire de commencer par plus petit, de «mettre un pied dans la porte»... Ensuite, nous allions agir en conséquence.

Pierre-Karl a travaillé sur le dossier de Didier, une très grosse affaire, très moderne. Les propriétaires avaient dépensé énormément d'argent pour renouveler l'équipement. Ils devaient plus de 3 ou 4 milliards de francs.

C'est-à-dire à peu près un milliard de dollars.

Un peu plus. Ils devaient cette somme à 21 banques, à un taux d'intérêt de 22 %. Ça ne tient pas debout! Finalement, nous avons discuté avec Didier, puis avec les banques. Nous étions prêts à acheter, mais à condition que le taux d'intérêt soit équivalent à ce qu'il est aux États-Unis — à ce moment-là, 8 ou 9 %. Ça faisait une grosse différence. Les banques ont refusé, elles ne voulaient pas en entendre parler... Mais finalement, elles ont accepté notre offre, sinon elles perdaient tout! Nous le savions et nous avons attendu le bon moment. C'était notre prix et pas autre chose.

«Attendre le bon moment.»

Exactement. Choisir le moment et le faire à sa façon.

Mais vous n'avez pas eu que des réussites. Il y a eu aussi des échecs.

En réalité, il y a eu en tout et partout un seul véritable échec: Philadelphie.

Le journal de Philadelphie.

Oui. C'est une drôle d'affaire. Je me suis rendu à Philadelphie à plusieurs reprises, j'ai fait des études de marché, étudié l'affaire à fond. J'ai réalisé que le milieu était identique à Montréal. Il y a 2 millions et demi d'habitants. Une grosse population noire, quelque 800 000 personnes; ici, nous n'avons pas autant de Noirs, mais nous avons les anglophones, qui eux non plus ne sont pas nos lecteurs. Les gens de Philadelphie sont eux aussi des sportifs, ils ont des équipes de hockey, de baseball, de basket-ball... tous les sports possibles. Et, d'autre part, il y a de nombreux Italiens, qui sont de bons lecteurs. Tout semblait alors tourner en faveur de l'entreprise que je voulais mettre sur pied. J'ai examiné les autres journaux, qui ne parlent pas de sport. Un seul y consacre à peine trois ou quatre pages, le *Daily News*. Nous avions prévu produire un journal avec 25 pages de sports. J'ai invité Jacques Beauchamp à venir avec moi à Philadelphie et nous avons bâti le journal. Le tirage a monté à plus de 100 000 exemplaires. Mais nous avons commencé à avoir des problèmes avec les syndicats, celui des Teamsters en particulier. Ils nous faisaient toutes sortes de coups, lacéraient nos pneus, etc.

Parce que vous ne vouliez pas de syndicat dans votre entreprise?

Non. Mais leur réponse à eux est toujours la force.

Pour négocier.

Nous avons négocié un bout de temps. Finalement, j'en ai eu assez. J'étais prêt à quitter Philadelphie. J'ai dit aux syndicats: «Je vous avertis, si vous n'acceptez pas mes offres, je ferme les portes. C'est tout.» Ils ont refusé. Alors j'ai fermé les portes.

Mais après que les portes ont été fermées, ils m'ont rappelé pour me dire qu'ils étaient maintenant prêts à négocier. Je leur ai dit: «C'est vrai? Eh bien, pas moi! Je ne négocie plus. Salut.»

Longtemps ici, au Québec, vous ne vouliez pas des syndicats.

Non, je n'ai jamais été totalement contre. Il y a un tas de syndicats dans mes entreprises. Quand j'avais des problèmes, ce n'était pas contre les syndicats que j'en avais. J'en voulais à mes directeurs généraux. Les syndicats faisaient leur travail. C'était à mes directeurs de faire en sorte que les syndicats comprennent qu'ils pouvaient obtenir ceci, mais pas plus. Ils étaient parfois lâches, trop permissifs. C'était ça, le problème!

Ça ne doit pas être facile de travailler pour vous, d'être un de vos cadres?

Au contraire, c'est facile, parce que je suis direct. Je n'y vais pas par quatre chemins pour dire les choses.

Votre empire est tellement vaste que vous devez certainement être moins présent au quotidien dans vos entreprises. Je me souviens d'une époque où on vous voyait, dans la salle de rédaction, vous chamailler avec votre rédacteur en chef au sujet de la une du Journal de Montréal. De temps en temps, vous gagniez, de temps en temps, c'était lui... Vous êtes aujourd'hui beaucoup plus loin de la production.

Oui. En fait, aujourd'hui, j'y vais à peu près jamais.

Est-ce que ça vous manque?

Non, parce que d'autres choses m'occupent et me préoccupent. Mais c'est une époque que j'ai beaucoup aimée.

Qu'est-ce qui vous occupe et préoccupe aujourd'hui?

Ah! nos acquisitions! Nous étudions actuellement plusieurs affaires. Il y en a toujours cinq ou six sur la table.

Y a-t-il un moment où vous vous êtes dit: «C'est assez. J'arrête.»

Un jour, autour de 1965, j'étais en voiture avec ma première femme. Je m'apprêtais à mettre sur pied une autre entreprise ou à en acheter une. Elle m'a dit: «Tu n'en as pas assez?» «J'en ai assez, mais je ne peux pas arrêter.» Je lui donnais l'exemple de Steinberg qui passait son temps à ouvrir de nouveaux magasins. Pour moi, c'était la même chose. Quand on a l'élan, il est impossible d'arrêter. Plusieurs me suggèrent de prendre ma retraite, d'aller m'installer en Floride et de profiter du soleil... Je suis bien ici et j'ai du plaisir à faire ce que je fais!

Toujours plus loin, mais jusqu'où?

Eh bien, je vais aller dans le trou, comme tout le monde! Il n'y a pas d'erreur possible. Mais ça ne me fait pas peur.

Alors, pas question pour vous de vous dire «J'arrête, j'ai fait assez d'argent»?

Ce n'est pas une question d'argent. Je n'en ai pas besoin. Que voulez-vous, quand on a une voiture, on n'en a pas besoin de 25! J'ai deux voitures ici, une troisième en ville. Je n'en ai pas besoin d'autres! L'argent, c'est secondaire.

Alors, qu'est-ce que c'est?

C'est le plaisir. Le plaisir que j'en retire. C'est tout. Que j'aie 100 $ de plus ou de moins dans mes poches, ça ne règle pas grand-chose, 100 $, 1 000 $, 100 000 $...

Mais définissez-moi ce plaisir. Quand vous faites une acquisition, quand vous brassez des affaires, quand vous vous retrouvez devant un problème à résoudre, à quoi ressemble votre plaisir?

Jouer pour gagner. C'est ça, le plaisir.

Vous êtes comme un «alcoolique des affaires», ou comme un joueur de poker qui n'arrive pas à se retirer de la table de jeu?

Tout à fait.

Lorsque vous parlez de vos entreprises, de votre réussite, de votre désir de jouer pour gagner, vous parlez souvent de certains de vos amis: par exemple Jean Coutu, des Pharmacies Jean Coutu, André Chagnon, de Vidéotron. J'aurais le goût de vous demander: avec des gens comme vous trois, n'y aura-t-il bientôt plus de place que pour vous, les gros, les puissants? Combien de pharmaciens de quartier, de câblodistributeurs ou même de journaux ont dû vendre sous la pression?

C'est une excellente chose! En effet, que fait un individu lorsqu'il nous vend son entreprise? Il met sur pied une autre entreprise avec l'argent de la vente. C'est une bonne chose. Ça fait rouler l'économie. Il est évident que le Québec d'aujourd'hui, avec des Jean Coutu, des André Chagnon, des Alain Bouchard des dépanneurs Couche-Tard, des Jean-Marc Brunet...

... et des Pierre Péladeau.

Le Québec aujourd'hui représente une force économique valable. C'est uniquement avec des éléments de force que nous arriverons à quelque chose, que nous pouvons obtenir le respect. Aujourd'hui, j'ai le respect des banques, ce que je n'avais pas il y a 25 ans. Quand les gens parlent de mon manque de respectabilité, ça me fait rire! De la respectabilité, j'en ai! Les banques anglaises, américaines, japonaises me courent après.

Mais vous avez dit que ça n'avait pas toujours été le cas avec les banquiers.

C'est vrai. Ce n'était pas le cas parce que je n'avais pas d'argent.

On dit que les banques ne prêtent qu'aux riches: ce n'est pas vrai! Les banques prêtent, à des moyens limités, à tout le monde, pas uniquement aux riches.

Ouvrons ici une parenthèse. Vous parlez des banques. Un jour, vous avez affirmé avoir compris que les banquiers étaient à votre service, et pas l'inverse.

Tout à fait.

Mais tout le monde ne pense pas ainsi. Par exemple, les jeunes qui se lancent en affaires peuvent avoir une hantise terrible de leur banquier.

Mais aujourd'hui, il y a toutes sortes d'autres formules, toutes sortes d'autres organismes qui peuvent prêter de l'argent. Les jeunes n'ont parfois même pas besoin de faire appel aux banques.

L'autre jour, un homme me téléphone et commence à m'expliquer son projet d'affaires. Il avait besoin de 40 000 $ et il n'arrivait pas à l'obtenir de sa banque. Mais il n'était pas allé voir d'autres banques! Les banques ne feront pas toutes la même réponse. Il faut aller en voir plusieurs. C'est comme pour les cigarettes, l'épicerie, ou pour acheter une automobile! Nous n'avons pas à aller toujours au même endroit. C'est ce que j'essaie de faire comprendre aux jeunes entrepreneurs.

Mais vous avez une recette à ce sujet. Vous dites aux gens: «Allez rencontrer votre banquier avec votre comptable.»

C'est exactement ce que j'ai dit à cet homme dont je vous parlais. Je lui ai dit d'abord de changer de banque et de se faire accompagner de son comptable.

ET LA RELÈVE?

Auriez-vous le même discours s'il n'y avait pas une deuxième génération de Péladeau qui semble vouloir prendre la relève? Auriez-vous encore le goût de jouer pour gagner?

Oh! oui! Je l'aurais toujours! Sûrement. Et je crois l'avoir inculqué à mes enfants.

Jouer pour gagner... Mais si vous étiez seul, pour qui joueriez-vous?

Pour tout le monde. Pour moi-même. Pour n'importe qui. L'important, ce n'est pas le gain, mais le fait de gagner. Que je gagne 100 $ ou que j'en gagne 1 000$, cela a peu d'importance.

De vos sept enfants, il y en a trois ou quatre qui occupent des fonctions au sein de votre entreprise. Cela témoigne d'un lien étroit entre vous. Est-ce que ce fut toujours le cas?

Non! Oh! non! Mes enfants ont fait la même chose que moi, ou à peu près. Ils ont eu de fortes révoltes à mon endroit. Spécialement mon deuxième garçon, Pierre-Karl.

Celui qui travaille en Europe.

Oui. Il a fait exactement comme moi. Ce n'est pas un hasard...

Vous-même avez été en révolte contre votre mère. Cela vous a-t-il permis de mieux comprendre la révolte de vos enfants et de mieux l'accepter, dans un certain sens?

Je ne sais pas. Peut-être. Mais je ne me pose pas ces questions-là, Pierre. C'est sûrement parce que j'ai fait de la philosophie que je n'ai pas besoin de «décortiquer» tout ce qui se passe dans ma vie. Je vais à l'essentiel, et c'est tout. Les faits. Voilà ce qui compte.

Mais acceptez-vous que vos enfants se révoltent contre vous?

Ah oui! Bien sûr. Je n'ai pas le choix! S'ils se révoltent contre moi, je n'ai pas le choix de l'accepter ou pas.

Mais s'ils se révoltent contre vous, doivent-ils en payer le prix?

Ah! ils peuvent en effet le payer! C'est un fait. C'est le risque qu'ils prennent. Ils savent que j'ai un caractère assez «pointu» à l'occasion. C'est leur risque.

Autrement dit: millionnaire, mais pas nécessairement «papa gâteau»? Vos collaborateurs, même vos enfants, doivent gagner leur salaire.

Mes enfants travaillent tous. Mon jeune garçon, qui a 18 ans, travaille déjà à temps plein dans une de mes imprimeries. Isabelle dirige Publicor. Mon autre jeune fille, Esther, travaille chez nous, au service juridique... Ils travaillent tous.

Monsieur Péladeau, vous êtes un homme d'intuition. Que sera l'empire Péladeau dans 5 ans? dans 10 ans?

Ce sera probablement ce qui est là, plus beaucoup de choses.

Et où?

Dans tous les domaines. Cela a peu d'importance. Nous venons d'entrer au Chili et en Argentine. Nous examinons les possibilités au Brésil...

Vous avez toujours respecté une chose: vous avez diversifié, mais toujours avec des entreprises qui ont entre elles un lien très étroit.

Exactement.

Autrement dit: du journal à l'imprimerie aux pâtes et papier... Il y a toujours un lien très étroit. Dans le passé, au Québec, d'autres entreprises ont tenté une diversification beaucoup plus vaste. Vous venez de faire un saut vers la télévision. Considérez-vous que c'est un prolongement du reste? Autrement dit: êtes-vous tenté par une diversification beaucoup plus vaste encore?

Du moment que ça demeure dans le domaine des communications, d'une manière ou d'une autre. Sinon, je n'y toucherais pas. Mes enfants auraient peut-être une opinion différente, mais moi, je n'y toucherais pas. À mon avis, le succès se trouve dans ce que nous connaissons. Par exemple, nous avons acheté une entreprise en Angleterre il y a quatre ou cinq ans, entreprise avec laquelle nous avons eu un certain nombre de problèmes. Tout ce que j'ai eu à faire, c'est d'y envoyer un de mes hommes pour y remettre de l'ordre. Il faut que je puisse, dans une entreprise que j'acquiers, envoyer quelqu'un de chez nous en cas de problème.

Qu'est-ce que «remettre de l'ordre à la Péladeau»?

Oh! ce n'est pas compliqué! Il s'agit d'établir une structure... et de la faire respecter. C'est tout.

Et de faire des profits.

Automatiquement. *The name of the game is profit.*

Monsieur Péladeau, il y a un prix à payer pour réussir.

Oh! oui! C'est sûr! Encore une fois, comme disent les Américains: *There's no free ride.* Tout se paie. Tout doit se payer.

3
Le prix à payer

Quand on parle d'amour avec Pierre Péladeau, doit-on croire tout ce qu'il nous dit ou peut-on penser qu'une certaine pudeur l'empêche de reconnaître ses émotions? Une seule fois dans cet entretien il dira «Je t'aime» en rappelant ses paroles à un homme qui va mourir. Il n'y a plus de danger à ce moment-là...

À maintes reprises, on l'a interrogé sur ses femmes, sur ses conquêtes. La plupart du temps, il s'est donné le beau rôle, cachant profondément certaines cicatrices. Je n'ai pas cherché à obtenir des détails scabreux sur sa vie sentimentale. D'autres l'ont fait avant moi. Mais j'ai voulu, à travers ses réponses, comprendre comment cet homme à ce point amoureux de la musique, de la beauté des choses, pouvait si bien camoufler ses véritables sentiments.

En lisant ce qui suit, gardez en tête que, dans ce chapitre, Pierre Péladeau n'aura pas encore tout dit... et sachez lire entre les lignes. Si on peut l'accuser et le reconnaître coupable d'avoir mal aimé, peut-on affirmer qu'il n'a pas aimé?

Quelques jours après notre rencontre, la photo de Madame Chopin, sa première femme, retrouvait sa place dans l'immense bureau du grand patron de Quebecor!

* * *

Pierre Péladeau, «quand on court après la fortune, on risque de perdre l'amour». Vous avez la réputation d'avoir beaucoup aimé les femmes. Mais, dans votre course à l'argent, est-ce que vous avez perdu l'amour?

Je n'ai jamais cru à l'amour. Je n'y crois pas. Je pense qu'on peut avoir des mouvements d'amour, des moments d'amour, mais l'amour comme tel, je n'y crois pas. Ce en quoi je crois vraiment, c'est d'être bien avec quelqu'un. Si je suis bien avec une personne, je vais rester avec elle le temps que je suis bien, en contact et en relation directe avec elle. Mais l'amour, je n'y crois pas.

Un premier mariage: Madame Chopin

Monsieur Péladeau et Raymonde Chopin lors d'un Gala des Artistes.

Vous vous êtes marié pour la première fois avec Madame Chopin, qui avait d'ailleurs un nom prédestiné pour vous... C'est elle qui vous a donné les enfants qui, aujourd'hui, semblent vouloir assumer votre relève. De quelle façon en étiez-vous amoureux?

Je n'étais pas réellement amoureux. J'étais bien avec elle. Mais, plus important encore, son père m'avait avancé une certaine somme d'argent et je lui en étais très reconnaissant. Il s'apprêtait à repartir en Europe. Avant qu'il parte, j'ai dit à sa fille: «Ton père part samedi pour l'Europe. Nous allons nous marier vendredi. [Nous étions mercredi.] Ton père va partir allégé et heureux. Il ne veut pas te laisser seule ici.» Nous nous sommes donc mariés le vendredi, tel que prévu.

À l'époque, chaque jour je me rendais à l'imprimerie à 5 heures du matin. Très souvent, d'ailleurs, je couchais là, sur mon pupitre. Le vendredi en question, je me suis donc rendu à mon bureau à 5 heures. Le temps passait. 6 heures... 7 heures... 8 heures... 9 heures... 9 heures et demie... J'étais tellement préoccupé par mon travail que j'ai oublié l'heure. Le mariage était prévu pour 9 heures. À 9 heures 45, le camarade qui bénissait notre mariage — un de mes amis de Brébeuf, un des «tout nus», comme moi... nous nous comprenions bien, à l'époque! — m'a téléphoné au bureau. Il m'a dit: «Pierre, as-tu perdu la boule?» «Pourquoi me dis-tu cela?» «Tu te maries à 9 heures; il est 10 heures moins quart et tu n'es pas encore ici!» «Oh! un instant, j'arrive!» Et je suis allé me marier.

Ma femme m'en a voulu très longtemps de l'avoir fait attendre 45 minutes à l'église. Mais, chose remarquable que j'ai sue par la suite, mon père avait fait exactement la même chose à ma mère. Lui aussi était arrivé 45 minutes en retard à son mariage. Avec le caractère de ma mère, ça n'a pas dû être joli!

Mais pourquoi vous êtes-vous marié avec Madame Chopin?

Pour faire plaisir à son père, et pour lui faire plaisir à elle. Moi, ça ne me préoccupait pas tellement. Tout au long de ma jeunesse, j'avais une seule chose en tête: faire de l'argent. C'était mon seul but. Le reste n'avait aucune importance. Et j'ai fait de l'argent, parce que je voulais en faire. À ce moment-là, c'est passé par-dessus tout, le reste était sans importance. Le mariage m'importait peu. Je devais être à l'imprimerie, je devais faire marcher mes affaires...

Mais ça devait être terrible de vivre avec vous à cette époque!

Non. Je ne crois pas.

Mais aimiez-vous? Vous dites ne pas croire à l'amour. Mais vous étiez bien avec cette femme.

Oui. Mais ce n'est pas la principale raison de notre mariage. J'étais reconnaissant à son père, et son père partait pour l'Europe.

Mais on ne se marie pas par reconnaissance!

On se marie pour bien des raisons. C'était ma raison. Les autres en ont d'autres. Qui plus est, je devais de l'argent à son père. Il avait fait une thrombose, il était demeuré longtemps paralysé. Comme je le trouvais très agréable, et que je ne voulais pas qu'il soit à nouveau malade, j'ai marié sa fille.

Me dites-vous que vous vous êtes marié par intérêt?

Sans aucun doute. Comme tout le monde. Tout le monde se marie par intérêt. La femme pour une raison, l'homme pour une autre.

Pourquoi Madame Chopin vous a-t-elle épousé?

Je pense qu'elle m'aimait. C'était une femme qui avait beaucoup d'affection pour moi. Effectivement parce que je ressemblais beaucoup à son père, qui était très autoritaire. Il était médecin et demeurait juste en face de l'hôpital Saint-Luc où il pratiquait. Il partait tous les matins vers 8 heures 30 et revenait le soir vers 5 heures. Elle a pensé que ce serait la même chose avec moi... mais ce n'était pas tout à fait le cas.

Pour vous, c'était donc un mariage de raison?

Oh! oui! Évidemment.

Peut-on dire qu'au fur et à mesure que vos affaires progressaient, que vous atteigniez votre but, faire de l'argent, que votre vie personnelle se détériorait?

C'est évident. On ne peut pas faire deux choses à la fois. Je faisais des affaires, ce qui fait que très souvent, le soir, j'étais absent de la maison. En plus, pendant cette période, je prenais beaucoup d'alcool. J'arrivais très fréquemment vers 2 ou 3 heures du matin, souvent un peu «pompette»... Il est évident que ma vie personnelle en souffrait, même si je passais toutes les fins de semaine avec ma famille. J'étais toujours là, je jouais avec les enfants, etc.

J'ai presque le goût d'oser vous demander: vous êtes-vous marié comme vous brassez des affaires?

Je ne comprends pas. Que voulez-vous dire?

Votre mariage était une affaire à régler. Vous l'avez réglée un vendredi matin... et vous êtes passé à une autre affaire le lendemain.

Un peu, oui.

On se marie comme on fait des affaires.

Un peu, oui.

Dans ses rapports avec les femmes, y a-t-il une grande différence entre le Pierre Péladeau d'aujourd'hui et celui des débuts? Êtes-vous différent aujourd'hui?

Je ne sais pas. Peut-être... je ne me préoccupe pas de ces questions-là.

Si je fonctionne bien avec une personne, je demeure avec cette personne. Si ça ne fonctionne pas, je laisse tomber.

UN ÉCHEC

Mais pourriez-vous dire aujourd'hui que vous avez perdu votre vie amoureuse parce que vous avez rêvé de faire fortune?

Non. C'étaient deux choses bien différentes. J'essayais de les faire fonctionner les deux à la fois, mais je n'ai pas réussi.

Il est de notoriété publique que vous étiez un joyeux fêtard... et même plus!

C'est très vrai.

Mais comment expliquez-vous ce désordre à cette époque de votre vie? Il n'y avait pas de désordre dans votre organisation.

Non. Pas du tout. Et ce n'était pas du désordre dans ma vie personnelle. C'était une façon de vivre, celle que j'avais acceptée, que je vivais. Mais ce n'était pas du désordre. J'avais, d'une certaine façon, une vie très ordonnée.

J'hésite à vous poser la question parce que très souvent, dans une entrevue, je me dis qu'il y a une frontière à ne pas franchir.

Franchissez la frontière.

N'hésitez pas à refuser de répondre.

Franchissez...

Peut-on établir un lien entre votre comportement à cette époque de votre vie et la mort de votre femme? Vous êtes-vous senti coupable de quelque chose?

Oui, tout à fait. C'est sûr et certain. Le contraire serait impossible... à moins d'être un monstre! Cette femme-là, je ne l'ai pas rendue heureuse. J'aurais certainement pu faire autrement que ce que j'ai fait et la rendre heureuse. C'est vrai. Et c'est en grande partie causé par l'alcool. À partir du moment où on tombe dans l'alcool, on ne sait pas toujours ce qu'on fait et le raisonnement qu'on applique n'est pas toujours le plus simple et le plus vrai.

Vous n'avez jamais perdu le souvenir de cette femme...

Non.

... qui est morte seule, loin de vous, loin de sa famille, en Suisse.

Je l'avais envoyée dans une clinique en Suisse. À l'époque, elle était très malade.

Ma question pourrait paraître dure... Vous étiez-vous débarrassé d'elle?

Non, pas du tout! Je ne croyais pas qu'elle puisse remonter la pente, mais j'essayais de la placer dans un endroit où elle pourrait recevoir les soins les meilleurs.

Avec l'expérience de vie que vous possédez aujour-d'hui, avec ce que vous connaissez de la vie, auriez-vous été amoureux de Madame Chopin aujourd'hui?

C'est une question beaucoup trop hypothétique! Je ne vis pas dans des hypothèses, je vis dans la réa-lité. Un point, c'est tout!

Tout ce que je pourrais dire là-dessus, si tu me demandais si je regrette des choses, c'est oui. Je regrette des choses. Il y a des choses dans ma vie que je ne répéterais pas si c'était à recommencer: l'alcool et tout ce que cela implique.

Nous aurons l'occasion de revenir à votre alcoolisme. Je lisais récemment dans Le Journal de Montréal *un hommage à la mémoire de Madame Chopin, de la part de vous et de votre famille. Le souvenir de votre première femme est donc bien présent dans la famille.*

Ah! oui! Il n'y a aucun doute possible. C'est mon fils Érik qui a fait publier cette note. Il avait une très grande affection pour sa mère. Il m'a demandé si j'avais des objections à ce qu'il fasse publier l'hom-mage dont vous parlez. Je ne savais pas ce que ça pouvait donner, sinon rappeler le souvenir de sa

mère aux personnes qui l'ont connue, et c'est excellent. Mais ça ne rapporte pas grand-chose...

L'ALCOOLISME

*C'est de notoriété publique, et vous-même l'avez
déjà souligné, vous ne vous en êtes jamais caché:
vous avez développé une dépendance à l'alcool.
Comment en êtes-vous arrivé là?*

C'est aussi simple que de boire souvent. On en
vient à développer une dépendance. Il n'y a pas
d'autre raison. On devient alcoolique parce qu'on
prend de l'alcool. C'est tout.

Pourquoi preniez-vous de l'alcool?

Ah! ça, c'est autre chose! Je prenais de l'alcool sous
prétexte que j'étais fatigué. J'ai commencé au
collège. Je buvais alors de la bière. Puis, pendant
mon service militaire, j'en prenais aussi et j'ai été
ostracisé à cause de cela.

Mais c'est lorsque je me suis mis à travailler que
j'ai commencé à prendre de l'alcool de façon systé-
matique. Après une grosse journée de travail, vers
5 heures de l'après-midi, j'étais fatigué. J'invitais
donc certains de mes employés à venir prendre un
scotch dans mon bureau. À cinq ou six, nous finis-
sions la bouteille. Ensuite, nous allions manger ensemble au restaurant, un bon repas arrosé de deux
ou trois bouteilles de vin. Cela nous amenait à
10 heures, 10 heures et demie... Il ne nous restait
pas grand-chose à faire, sinon boire du scotch
jusque vers 2 ou 3 heures du matin.

Ce qui signifie que, même en étant marié et père de famille, la semaine, vous viviez en célibataire.

Oui, on peut dire cela. Le prétexte que je me donnais, c'est que j'étais fatigué et que j'avais besoin de me remettre. Parce qu'on disait à ce moment-là — et on le dit encore de nos jours — que l'alcool est un petit remontant. Or c'est totalement faux! L'alcool est le plus grand dépressif qui soit! Plus on en prend, plus on déprime.

À quel moment avez-vous accepté de reconnaître que vous étiez alcoolique? Ça semble en effet une des choses les plus difficiles: l'admettre, le reconnaître.

C'était le jour de mon anniversaire. J'étais ici avec deux de mes amis. Nous sommes allés passer la soirée dans un petit bar, La boîte à Karl, tenue par un ancien officier allemand, un immense gaillard... Nous avons mangé «à l'allemande», le tout arrosé de schnaps, puis de vin, un *Black Tower*, je me souviens, puis encore du schnaps, encore du *Black Tower*... Nous avons bu comme ça jusqu'à 2 ou 3 heures du matin. Nous étions «ronds comme des boules». Un de mes amis est parti. Je suis resté avec l'autre, et nous avons continué encore une heure environ. Puis, nous sommes partis. J'ai dit à mon ami: «Je vais conduire. Toi, tu es saoul!» J'étais aussi saoul que lui, mais je ne le savais pas. J'ai donc conduit sa voiture, une grande familiale. Entre le bar et la maison, il y avait trois courbes. J'ai bien pris la première, mais complètement manqué la seconde. Nous nous sommes donc retrouvés dans le fossé, après deux tonneaux. On nous a transportés à l'hôpital de Saint-Jérôme. Nous aurions certainement dû nous tuer, mais nous n'avions presque rien. Mon ami s'était cassé le nez. Moi, je ne pouvais pas me le casser, je l'avais déjà cassé trois fois...

Quand je suis revenu à la maison, je me suis dit: «Il faut que j'arrête. C'est de la folie furieuse. C'est assez!»

Personne ne pouvait décider à votre place. Comment avez-vous pris la décision de dire «J'arrête»? On peut en effet y penser, mais de là à arrêter vraiment, il y a un monde!

À ce moment-là, c'était vraiment assez. Il fallait que j'arrête. Il y a un moment où les portes de sortie sont assez peu nombreuses: ou bien je me tuais, ou bien je devenais complètement cinglé, ou bien je me retrouvais en prison pour avoir tué quelqu'un! C'est à peu près les options qui restaient si je continuais à prendre de l'alcool. Je devais arrêter... ce que j'ai fait définitivement un mois après.

LES ALCOOLIQUES ANONYMES

Avez-vous eu besoin d'aide?

Oui. En fait, je suis allé aux rencontres des AA. C'est là que j'ai trouvé l'aide dont j'avais besoin. C'est extraordinaire. J'ai trouvé là des gens comme on n'en voit nulle part ailleurs, des gens qui s'entraident, pleins de sollicitude et d'intérêt les uns pour les autres.

Les rencontres, qui ont lieu tous les soirs, sont assez simples. Une personne se place devant le

groupe et donne un témoignage de sa vie avec l'alcool, de ce qui lui a permis d'arrêter.

Vous n'aviez pas, à ce moment-là, décidé d'arrêter complètement?

Oui. En fait, c'était assez clair.

Je me suis rendu à une rencontre AA à Sainte-Agathe. Je n'ai pas écouté l'homme qui parlait. Pour moi, il disait des niaiseries; ce n'était pas très sérieux, à mon sens. Et j'étais fâché, parce que j'avais prévu partir pour Paris avec une petite amie et j'avais remis notre départ pour pouvoir assister à cette rencontre. Je m'étais emmerdé royalement.

À la sortie, deux hommes m'ont remis chacun un petit carton d'allumettes sur lequel ils avaient inscrit leur prénom — dans un cas, Guy, dans l'autre, Albert — et leur numéro de téléphone en me disant: «Si tu as besoin de nous, appelle-nous.» Je n'étais pas habitué de me faire dire: «Si tu as besoin de moi...» Je n'avais besoin de personne! Je n'avais jamais eu besoin de personne!

Arrivé à la maison, je me demandais bien pourquoi ils avaient fait cela. Mon raisonnement était encore biaisé, lourd que j'étais de l'alcool pris la semaine précédente. Je n'ai rien compris.

Le lendemain, je suis retourné à la rencontre. Je voulais comprendre ce que ces hommes voulaient. Il y avait sûrement quelque chose d'anormal. Ils voulaient probablement emprunter de l'argent, ou bien un emploi ou je ne savais quoi d'autre... mais je me disais qu'ils devaient vouloir quelque chose.

Ils devaient vouloir quémander.

Oui... Pour moi, ce n'était pas normal qu'on me dise: «Je vais t'aider si tu as besoin de moi.» Pour moi, ça ne se faisait pas!

Le lendemain, je suis donc retourné à la rencontre des AA. L'homme qui témoignait parlait de ses affaires. Il avait fait 100 000 $, perdu 100 000 $, puis gagné 200 000 $ et perdu 300 000 $... J'écoutais et je me disais: «Ce gars-là ne sait même pas ce que c'est que de faire 5 $! Il nous raconte des histoires. Ça ne tient pas debout! C'est un menteur.»

Je me suis rendu à l'arrière de la salle prendre un café. Il y avait là un homme qui s'appelait Albert Roger, dont je me suis occupé par la suite. Il m'a demandé comment j'avais trouvé le témoignage. Je lui ai dit ce que j'en pensais. «Ce n'est qu'un menteur! Il m'a fait chier! Il n'y a rien de vrai dans ce qu'il raconte. C'est du *bluff*!» Albert m'a répondu: «Tu as peut-être raison. C'est peut-être vrai, ce que tu dis. Mais s'il a besoin de dire cela, si ça peut lui faire du bien...» Ça m'a beaucoup frappé. Je me suis dit: «C'est bien vrai! Il n'a pas de comptes à me rendre. Je n'ai pas à avoir de jugement à son sujet. Ça ne me regarde pas. Il peut bien raconter ce qu'il veut...»

Voilà comment j'ai commencé à fréquenter les AA. À partir de ce moment-là, je n'ai jamais plus pris une goutte d'alcool.

Vus de l'extérieur, les Alcooliques Anonymes peuvent être perçus comme une sorte de secte, comme un embrigadement.

Vous savez, tout le monde peut participer aux rencontres des AA, qu'ils prennent ou non de l'alcool. J'ai amené plusieurs personnes aux Alcooliques Anonymes. Par exemple, un jour, une de mes sœurs m'a téléphoné: «Pierre, c'est effrayant! Mon mari est parti!» Je lui ai dit: «Depuis combien de temps êtes-vous mariés?» «Trente-cinq ans.» «Ça fait trente-cinq ans? Tu ne trouves pas que tu en as eu assez? Si j'étais à ta place, je serais content!» «Non! Non! C'est lui que je veux!... J'aime mieux mourir!» «Bah! Ce sont des histoires...»

Vous ne croyez pas à l'amour.

Non. C'est pourquoi ça m'a fait rire. Je lui ai finalement dit: «Si tu l'aimes tellement, laisse-le donc revenir quand il le voudra! C'est tout.» «Non! J'aime mieux qu'il soit mort.» «Si c'est le cas, tu ne dois pas l'aimer tant que ça...»

Je l'ai invitée à participer à une rencontre AA près de chez elle. La personne qui témoignait ce soir-là était une femme qui racontait les nombreuses difficultés qu'elle avait éprouvées dans sa vie. Un divorce. Une fille prostituée. Un fils en prison... Ma sœur a rapidement compris qu'elle n'avait pas à se plaindre, que sa situation était beaucoup plus enviable que celle de cette femme. Cette rencontre l'a aidée considérablement.

J'ai souvent invité des personnes aux rencontres AA.

Avez-vous eu des rechutes?

Non. Jamais.

L'ALCOOL ET LES AFFAIRES

Pendant toute cette période où vous avez consommé de l'alcool, comment avez-vous réussi à faire des affaires? Comment brasser des affaires sans avoir toute votre tête? Il devait bien y avoir des moments où vous n'aviez pas toute votre tête...

Plusieurs personnes savaient que je buvais. Ils m'invitaient à manger avec eux. Mais je ne parlais jamais affaires en prenant un coup. Je pouvais parler de femmes, de religion, de n'importe quoi d'autre, mais je ne parlais jamais d'affaires.

Mais y a-t-il eu des moments où, dans votre entourage, les gens ont pu vous mettre en garde ou en tutelle, en se disant que vous représentiez un risque pour l'entreprise?

Non. Parce que moi-même j'en avais soupé de cet état dans lequel je me trouvais. J'avais plutôt le goût de me tuer.

Vous avez déjà pensé au suicide.

Ah! oui! Certainement! C'est pourquoi je me suis rendu aux AA et c'est aussi pourquoi j'y suis resté.

Et les amis? Avez-vous perdu des amis à cause de l'alcool?

Pas que je sache. Au contraire! Les gens se rappro-chaient de moi dans l'espoir de se faire payer un verre!

Mais est-ce qu'on peut alors parler d'amis? C'est une question qui reviendra plus tard dans cet en-tretien. Est-ce que vos amis ne sont que des gens qui comptent sur vous pour se faire payer un coup ou pour profiter de vous?

Oui, sans aucun doute. Il y en a beaucoup. En fait, je buvais beaucoup avec des gens de mon person-nel. Je les faisais venir dans mon bureau pour prendre un scotch vers 5 heures, 5 heures et demie, après une grosse journée de travail.

Mais quelle perception avez-vous de l'amitié que les gens vous portent? Pensez-vous que les gens sont vos amis parce qu'ils ont besoin de vous, par intérêt?

C'est très souvent le cas. Il ne faut pas se raconter d'histoires. C'est le cas pour moi et pour tout le monde. C'est la vie!

Et ça ne vous dérange pas?

Non. Je trouve ça normal. Pourquoi les gens vou-draient-ils être avec moi plutôt qu'avec un autre? À moins que nous ayons des appétits philosophiques semblables... Mais écouter un concert, par exemple, que je sois seul ou avec trois, quatre ou cinq personnes, je ne l'entendrai pas plus, je n'en retirerai pas plus. Ça ne change rien. Ce sont des histoires! On est toujours seul en soi. On peut cependant avoir des moments où on est avec d'autres et où on se trouve bien avec d'autres...

Mais se peut-il que des gens soient vos amis pour ce que vous êtes, parce qu'effectivement ils se sentent bien avec vous, tout simplement. Vous n'auriez rien dans la vie et ils seraient quand même vos amis, parce que vous êtes qui vous êtes.

Je n'en sais rien. Peut-être. Mais je ne le crois pas. Je crois que nous avons tous un intérêt dans quelque chose ou dans quelqu'un.

ALCOOLISME ET FAMILLE

Avez-vous, dans votre enfance, côtoyé des problèmes d'alcool comme celui que vous avez vécu?

Non.

Autrement dit: votre père était-il alcoolique?

Je ne peux pas le savoir, il est mort alors que j'avais 10 ans. Je ne peux pas le savoir, mais je ne le pense pas.

Quand un père est alcoolique, il se peut que les rapports des enfants avec leur père soient très difficiles.

Oh! oui! C'est automatique.

Votre alcoolisme a-t-il pu vous éloigner de vos pro-
pres enfants?

Oui, peut-être. Mais je ne crois pas que ce soit arrivé, parce que je passais toutes mes fins de semaine
avec eux. C'est plutôt ma femme qui a subi les conséquences de mon alcoolisme, pas les enfants.

DES REGRETS

Quand vous regardez, avec le recul des ans, toute
cette période que j'appellerais vos années d'er-
rance, vos années d'alcoolisme, qu'est-ce qui a été
le plus difficile pour vous?

Ce sont sûrement les difficultés que j'ai causées à
différentes personnes par les bêtises, les conneries
que j'ai faites. J'aurais pu m'en passer, et ces personnes aussi! Si c'était à recommencer, je ne répéterais pas les mêmes bêtises.

On dirait un peu de sagesse.

Peut-être. Mais si c'était le cas, il y a longtemps que
j'aurais arrêté de boire!

En fait, j'avais arrêté plusieurs années auparavant, et ce, pendant 10 ans. J'ai été d'une certaine
façon béni de Dieu. En 1953 avait lieu le *conventum*
des étudiants de rhétorique au collège Brébeuf. On
m'avait invité et j'avais rapidement accepté l'invitation. À ce moment-là, en effet, je commençais à
avoir beaucoup d'argent, mes affaires allaient bien.
Les autres étaient presque tous étudiants en médecine ou avocats dans leurs premières années de

pratique, alors qu'ils crèvent encore de faim. C'était à mon tour d'être en position de force. Je n'étais plus le «petit morveux», le «quêteux»...

Ces gars-là qui m'avaient fait «suer» tout au long de mes études, j'avais hâte de les revoir maintenant que nos situations étaient enfin différentes. Je suis bien conscient que c'est moi qui, du temps de nos études, aurais dû être ailleurs, dans un milieu moins favorisé. Ils étaient à leur place dans ce milieu de riches. Pas moi. Leur en vouloir à eux était tout à fait ridicule. Mais c'est dans cet état d'esprit que je me suis présenté au *conventum*. Et je leur ai dit toutes sortes de bêtises. «Il est saoul... Il ne sait pas ce qu'il dit.» Ils m'ont laissé parler... heureusement, parce que je crois que je les aurais frappés.

Le lendemain, j'ai reçu un coup de téléphone d'un de mes amis de Brébeuf, celui-là même qui avait béni notre mariage. «Tu sais, Pierre, ils ne t'inviteront jamais plus au *conventum*. Tu t'es conduit comme un sauvage, tu as été grossier, tu as engueulé tout le monde. Tu es un ivrogne.» Il n'avait pas dit «alcoolique», ce qui passe encore, mais «ivrogne». Ça me semblait très bas. «Comment ça, un ivrogne? Je vais leur montrer, moi, que je ne suis pas un ivrogne!» Alors, pour leur montrer qu'ils avaient tort, pour sauvegarder mon orgueil, j'ai arrêté complètement de boire pendant 10 ans. D'un seul coup. À cause de l'orgueil! J'ai donc cessé de boire jusqu'en 1963... 10 années pendant lesquelles j'ai travaillé très fort pour bâtir mon affaire.

Diriez-vous que vous étiez plus heureux dans votre vie personnelle à cette époque-là?

Non. Une personne qui boit le fait pour fuir sa réalité. C'est là le fond du problème. Elle fuit la réalité et se réfugie dans l'alcool.

Vous vouliez donc fuir votre réalité?

Une partie. Celle qui me choquait, celle que je n'aimais pas, où je me sentais inférieur.

Quelle partie de votre vie avez-vous fuie en buvant?

Je ne me souviens pas ce que c'était à l'époque... Probablement avais-je mal digéré ma comparution en cour martiale du temps du C.E.O.C. Ça m'apparaissait tellement injuste! Il y avait aussi sûrement le fait de n'avoir pas un sou à l'époque où j'allais au collège Brébeuf. J'avais accumulé toutes sortes de choses. J'avais énormément de ressentiment contre à peu près le monde entier!

SA VIE FAMILIALE

Vos enfants vous ont-ils fait des reproches au sujet de votre alcoolisme?

Non. En fait, il est arrivé que mes filles me fassent des reproches, mais les filles mettent tout sur le dos de leur père... C'est normal, ça fait partie de la vie.

Par contre, précédemment, vous avez mentionné que vos enfants se sont révoltés comme vous avez vous-même pu vous révolter contre votre mère. Au point de s'éloigner considérablement de vous?

Oui, tous. En fait, ce n'est pas eux qui s'éloignent de moi, mais c'est plutôt moi qui les éloigne. Quand ils me tombent sur les nerfs, je leur demande de partir. «Fichez-moi la paix!» Et eux me parlent sur le même ton...

Mais qu'est-ce qui les ramène vers vous?

À un moment donné, je prends conscience que tout cela est devenu un peu stupide, que notre relation pourrait s'enligner d'une façon plus intelligente, plus compréhensive, plus valable, plus affectueuse.

Vos enfants ont-ils été indulgents envers vous?

Je ne pense pas. Pas plus que je ne l'ai été envers eux...

C'est ce que j'allais vous demander: avez-vous été indulgent envers eux?

Je pense que oui... plus ou moins.

Quand nous avons abordé la question de votre empire financier, j'ai parlé de la relève qui s'assume au sein de Quebecor. J'ai l'impression que c'est plus facile pour vous de mettre de l'avant vos fils que vos filles. Ai-je raison de penser cela?

Oui, bien sûr. Pour la simple et bonne raison que les garçons, eux, ont su se pousser, aller de l'avant, mettre en valeur leurs talents et leurs qualités. Ce que les filles n'ont pas fait, ou moins fait. Souvent, elles n'ont pas fait ce qu'elles devaient pour entrer dans l'entreprise et pour que je puisse avoir envers elles la même réaction qu'avec les garçons.

Mais, en votre for intérieur, Pierre Péladeau, souhaitez-vous, autant que pour vos fils, qu'une de vos filles occupe une présidence ou une vice-présidence?

Certainement. Mon enfant, garçon ou fille, demeure mon enfant. Ça ne change rien! Qu'un garçon ou une fille devienne président ou vice-président a peu d'importance. Si, bien sûr, ils ont la compétence voulue et s'ils le veulent. Souvent, les filles croient qu'elles ne sont pas capables de le faire et ne le font pas.

Il y a des femmes qui occupent des postes importants chez nous, des femmes valables, très compétentes et expérimentées, pleines de bonne volonté, qui savent foncer. Mais il n'y en a pas beaucoup. J'en cherche continuellement.

LES FAMILLES DE PIERRE PÉLADEAU

Anne-Marie, Isabelle, Marie-Pier, fille d'Anne-Marie, Esther, Simon-Pierre, Érik, Daphné et Didier, enfants d'Érik, et Pierre-Karl.

Monsieur Péladeau, vous aviez une famille, mais vous avez choisi, au fil des ans, de créer deux autres familles. Est-ce une façon de dire que l'âge n'a pas de prise sur vous?

[Rires]

Ce n'est pas une question hypothétique, celle-là!

Ah! pas du tout! L'âge n'a pas de prise sur mon cœur, sur ma façon d'étudier un problème et de le résoudre. Mais sur mon corps, ce n'est pas la même chose. J'ai régulièrement des problèmes avec mes jambes. Je dois faire de l'exercice pour me rétablir. C'est là que l'âge a prise sur moi... Pour le reste, je me débrouille assez bien.

*Auriez-vous le goût de fonder une autre famille?
Autrement dit, ne jamais décrocher de l'amour
comme on ne décroche jamais des affaires?*

J'y ai pensé. J'ai toujours dit qu'un fils devrait faire
mieux que son père. Mon père a eu sept enfants,
j'en ai eu sept. Mais lui en a eu sept avec la même
femme, moi, c'est avec trois femmes différentes. Je
pourrais en avoir un huitième avec une quatrième
femme...

*Mais le message que vous envoyez à vos enfants,
c'est: «Je ne me contente pas d'être grand-père. Je
rêve encore d'être père.» Le refus de vieillir...*

Oh! non! Ça fait hurler ma fille. Elle ne trouve pas
ça drôle!

Vous pouvez donc rêver d'une autre famille?

Non. Honnêtement, non.

PROJETER UNE IMAGE

*J'ai l'impression, à tort ou à raison, Monsieur
Péladeau, que pendant toute une partie de votre
vie, vous vous êtes entêté à présenter la partie la
plus sombre de vous: le matamore, le tombeur,
l'alcoolique.*

Ce n'est pas sombre! Vous mélangez un peu les
cartes. Matamore, ce n'est pas sombre. C'est même
excellent!

L'ivresse, l'homme au juron facile...

Non! À ce moment-là, je ne jurais pas. J'ai appris à jurer avec Jacques Beauchamp. C'est lui qui m'a appris à jurer.

Mais vous étiez un provocateur, dans les entrevues. À quel moment avez-vous appris à présenter l'autre côté de votre personnalité: l'homme fragile, sensible à l'émotion, à la musique, aux fleurs?

Ça s'est fait progressivement. On ne change pas du jour au lendemain! Mais c'est à partir du moment où j'ai répondu à l'appel de la musique. Tout un côté de moi s'est alors ouvert: le côté affectueux, sensible, la perception de ce qui est beau, etc.

Mais ce n'est pas ce côté-là que vous avez montré aux gens dans votre vie quotidienne.

Non. Ce que je montrais, c'était le côté plus fanfaron de celui qui ne montre pas ses faiblesses, de celui qui est toujours sûr de lui.

Vous savez, j'ai pleuré une seule fois dans ma vie: le jour où ma mère est morte. J'étais chez moi, à Cartierville. Je suis allé dans la piscine extérieure et j'ai pleuré, caché dans la piscine.

Certaines personnes pleurent souvent, d'autres très peu. Ma mère ne pouvait pas sentir ma femme Raymonde qui, elle, pleurait tout le temps. Elle était plaignarde, alors que moi, je ne me plains jamais. Si je le fais, c'est pour m'amuser... Nous présentions à nous deux les deux côtés de la médaille. Nous étions vraiment opposés.

Mais dans l'esprit de votre mère, c'est vous qui deviez avoir raison.

Ah! c'est sûr!

Mais si les choses avaient été autrement. Si vous aviez à cette époque exprimé votre sensibilité, auriez-vous enduré aussi longtemps la situation que votre femme l'a fait?

Je n'en sais rien.

Question hypothétique...

Tout à fait. Vous savez, j'ai dit un jour à ma mère — j'étais marié, à l'époque — que si je l'avais épousée, elle, avec le caractère qu'elle avait, je l'aurais rapidement mise à la porte!

C'est sûrement après avoir pris le dessus sur votre mère! Vous ne lui auriez pas dit ça à 12 ou 13 ans.

Sûrement pas! Elle était colérique, ma mère! Un de mes frères la provoquait souvent. Je me rappelle un jour, nous étions en train de dîner. Mon frère avait dit quelque chose qui avait fait réagir ma mère. Elle avait d'un seul coup lancé la soupe qui se trouvait devant elle dans la face de mon frère. D'un seul coup. C'était amusant. Mais ça n'arrivait pas souvent.

Avez-vous été, dans une certaine mesure, traumatisé par votre mère?

Non. J'ai été très marqué, si on veut, mais pas traumatisé.

Pourrait-on dire qu'elle est la femme que vous avez le plus aimée dans votre vie?

Sans aucun doute. Et c'est pourquoi j'ai toujours eu beaucoup de difficulté à répondre à l'amour. J'ai cherché ma mère très longtemps... pour ne pas dire que je la cherche encore! Enfin, je la cherche un peu moins, mais je ne l'ai jamais trouvée.

Ma mère était vraiment extraordinaire. J'allais la voir le soir. Je m'asseyais devant elle et elle m'admirait. Je le voyais dans ses yeux. J'aurais pu lui dire n'importe quoi, elle m'aurait cru! Elle avait renversé les rôles. L'intérêt que je lui portais, elle l'a projeté sur moi.

Mais étiez-vous un peu comme son mari?

Non.

Votre père était un homme d'affaires qui n'avait pas réussi. Vous, son fils, êtes un homme d'affaires qui réussit. Y a-t-il eu une sorte de transfert amoureux?

Sans aucun doute. Mais ce n'est pas tout à fait juste. Mon père a très bien réussi, jusqu'au moment où tout a craqué. Mais il avait réussi. Il avait monté une très grosse affaire. L'avenue du Parc lui appartenait au grand complet!

Mais votre mère a sans doute beaucoup souffert de devoir quitter sa résidence de la rue Stuart, avec tout ce que cela pouvait comporter. Et si elle avait l'orgueil que vous, vous avez...

Oh! elle me battait sur ce point! Je ne pense pas être orgueilleux, je suis très fier. Une personne orgueilleuse établit sa vie par rapport à l'autre. Je ne construis pas ma vie par rapport aux autres. Je me fous de ce que les autres font et pensent... même si l'orgueil m'a été très bénéfique, il m'a forcé à arrêter de boire pendant 10 ans. «Je vais leur montrer! Ils vont voir ce que je suis capable de faire!»

Mais avez-vous cessé un jour de vivre pour prouver aux autres que vous n'étiez pas ce qu'ils pensaient que vous étiez?

Il y a très longtemps! Aujourd'hui, les seuls à qui je veux prouver quoi que ce soit sont mes enfants et mes petits-enfants. Je veux leur donner le maximum de mon être, ce que je suis vraiment.

4
Le marchand de bonheur

Pierre Péladeau ne croit pas à l'amour. Il vient de nous le rappeler. Pourtant, il suffit de voir le dernier de ses enfants, «Petit-Jean», courir vers lui en lui criant «Papa» pour comprendre qu'à 72 ans, l'homme a laissé tomber sa garde. Il faut l'entendre raconter l'émerveillement de cet enfant à ses côtés dans son hélicoptère pour savoir que le vieux père s'émerveille lui aussi.

Pierre Péladeau exprime ses sentiments par un moyen détourné, en faisant aimer ce qu'il adore. Il faut le voir, le soir d'un concert à son Pavillon des Arts de Sainte-Adèle, allant de l'un à l'autre, heureux de faire partager sa passion pour la musique. Lui qui déteste le snobisme ne s'offusque pas que les moins initiés applaudissent au mauvais moment, entre deux mouvements. Au contraire.

Il n'occupe pas la première place. Il la réserve pour des invités avec qui il partage parfois le repas avant le concert. Assis bien droit à sa place, immobile, envoûté par la musique, sa figure s'éclaire, il rajeunit.

Il écoute.

Il n'est pas seul.

* * *

TROIS LIVRES

Monsieur Péladeau, pour les entrevues de ce genre, je demande à mes invités de me suggérer trois livres importants pour eux. Vos suggestions furent: Les nourritures terrestres...

Et *Les nouvelles nourritures.*

Et Les nouvelles nourriture*s, d'André Gide;* Que ma joie demeure, *de Jean Giono...*

Et *Les vraies richesses.*

Eh oui! Je vous en ai demandé trois, vous m'en avez suggéré six.

Je vous ai suggéré trois auteurs...

Le dernier livre: L'Alchimiste, *d'un auteur brésilien, Paulo Coelho. Que représentent ces trois livres? Qu'ont-ils en commun qui pourrait nous permettre de saisir encore mieux votre personnalité?*

J'ai lu tous les livres d'André Gide. Je vous ai suggéré ceux qui m'ont le plus impressionné. Gide y présente une sorte de règle de vie, de chemin à suivre. J'aimais bien ses livres, parce que Gide, à sa façon, était délinquant. Ça me plaisait et ça répondait à mes besoins.

«Dieu est mort», avec Nietzsche et «Vis ta vie» avec Gide.

C'est exact. Mais il y avait aussi Giono, un homme d'une grande simplicité, un homme authentique, vrai, un homme de la terre. Je me rappellerai toujours cette longue description dans un de ses livres: il décrit le pain qu'il mange, la façon dont le boulanger l'a préparé, etc. C'est tellement beau, tellement simple. Des choses tout à fait banales, mais qui font l'essentiel de la vie. C'est ce qui me plaisait dans Les vraies richesses: la simplicité, la réalité de la vie.

Dans L'Alchimiste, le héros part à la recherche d'un trésor pour accomplir ce qu'il appelle sa «légende personnelle». Il doit tout quitter, renoncer à sa vie de berger et partir vers une sorte de mirage, vers une promesse de trésor. Est-ce un peu la vie de Pierre Péladeau?

Non. Ce qui m'attire dans ce livre, c'est le côté poète de l'être humain, côté que nous avons tous en nous. Certains écoutent cette facette de leur être, d'autres mettent de l'avant leur côté plus pragmatiste, plus philosophe, réaliste.

Mais pourrait-on dire de vous qu'à travers les affaires, à travers la fortune, vous avez cherché le trésor de votre vie?

On peut dire cela... C'est de la poésie! [Rires]

Un marchand de bonheur

Dans Que ma joie demeure, *un livre de Jean Giono, on voit un homme revenir dans un univers de tristesse, où tout semble gris... pour y semer de la joie. Pierre Péladeau, êtes-vous devenu, avec le temps, à la suite d'une réorientation de votre vie, une sorte de marchand de bonheur pour les gens qui vous entourent, pour vos amis?*

Il est évident qu'aujourd'hui j'essaie de faire davantage de bien que je n'en faisais auparavant. Avant, ça ne me préoccupait pas tellement. Aujourd'hui, si je peux contribuer à rendre le monde meilleur, je le fais. Comme je le mentionnais plus tôt, je reçois beaucoup de coups de téléphone au bureau et j'essaie d'apporter aux gens ce que je peux. Si je remplis un rôle auprès de certaines personnes, c'est que je dois le remplir. Si ces gens m'appellent, c'est qu'ils ont besoin d'aide; je dois les aider.

Évidemment, il y en a beaucoup qui m'appellent uniquement pour avoir de l'argent. Ceux-là, je les vois venir! Je reçois parfois des appels téléphoniques incroyables. Par exemple, une personne m'a appelé pour me dire qu'elle avait vu un très beau bâtiment et qu'elle voulait l'acheter; elle voulait que je lui envoie un chèque de 150 000 $... Mais ce n'est pas toujours le cas. Les demandes d'aide sont souvent plus sérieuses.

LES FLEURS, LA PEINTURE, LA MUSIQUE

Avant de parler de l'aide que vous apportez aux autres, j'aimerais que nous parlions de vos émotions. Je reviens ici au livre de Giono. On y parle de «l'inutile», qui est en fait essentiel à la vie. Que vous apportent les fleurs? Que vous apporte la musique? Que vous apporte la peinture? Qu'est-ce que ça vous donne à vous, Pierre Péladeau, cet amour que vous avez pour les fleurs? C'est la sensualité, le parfum, les couleurs?

Non. Je n'ai pas d'amour exagéré pour les fleurs, ni pour la musique, ni pour la peinture. J'ai pour tout cela un intérêt. J'ai besoin de fréquenter des gens bien, qui ont quelque chose à dire. J'ai aussi besoin de la beauté de la peinture, de la beauté de la musique.

Certains critiques de musique, dans certains journaux de Montréal, me font bien rire. Ils essaient de nous faire croire que pour apprécier la musique, il faut connaître la musique, c'est-à-dire connaître le troisième crochet du deuxième paragraphe de la troisième phrase... Ce sont des sottises! Pour apprécier la musique, il faut l'aimer. C'est tout.

C'est la même chose pour la peinture. Je n'aime pas toutes les peintures. J'aime beaucoup, par exemple, celles de Marc-Aurèle Fortin. Pour moi, il est, d'une certaine façon, un acolyte de Van Gogh; il est dans la force, la puissance du malheur de Van Gogh. Et ça m'émeut. Mais je n'essaie pas de connaître techniquement sa peinture! Ça m'amuse quand on veut nous faire visiter des musées, en Europe, surtout, avec un guide qui nous explique:

«Alors vous voyez dans le coin à droite, une espèce de petit machin...» Je ne vais pas là pour ces détails, mais pour admirer les toiles.

Et quelle émotion cela vous procure-t-il? Vous êtes ici entouré de fleurs, vous avez une serre... Quelle émotion vous procurent les fleurs?

Elles sont belles et sentent bon. Je regarde le matériel: c'est beau à voir et bon à sentir.

Que répondriez-vous aux personnes qui diraient: c'est un vernis que Pierre Péladeau se donne. Vous savez, ça fait bien, quand on est riche, quand on peut se payer tout ce que l'on veut, d'accrocher à ses murs des toiles de maîtres, de présenter de grands musiciens, tout cela pour épater la galerie.

Je n'ai personne à épater. Je m'épate moi-même, et personne d'autre. Je peux me payer ce que je veux pour m'épater, si nécessaire, mais je n'épate personne. Si c'est ce qu'on dit, c'est faux. Ce que je fais, ce que j'achète, c'est parce que ça me plaît, parce que j'aime ça. C'est tout.

Comment avez-vous fait connaissance avec la musique?

J'ai commencé à aimer la musique d'une façon bien curieuse. J'avais alors 18 ou 20 ans. Un de mes amis possédait presque tous les disques de Beethoven, les grandes symphonies, ses grandes œuvres. Tous les samedis soir, nous allions chez lui et nous passions la nuit à écouter de la musique. Vers 5 ou 6 heures

du matin, nous allions prendre un café au petit restaurant du coin. C'est là que j'ai aimé la musique.
Elle répondait exactement à mes besoins. C'était la
période où j'étudiais en philosophie. Je fréquentais
Nietzsche. Beethoven et Nietzsche possédaient tous
deux un élément de puissance... à une différence
près: Nietzsche est devenu fou; il est mort dans un
asile psychiatrique. Beethoven, lui, est devenu
sourd, à cause sûrement de cette puissance qu'il
avait en lui et qu'il bloquait. Elle était incroyable,
la puissance de Beethoven.

**Mais pourquoi Beethoven? J'aurais pensé que dans
votre cas, ça aurait été Wagner.**

Parce que, pour moi, Beethoven est plus fort que
Wagner. Ce dernier fait beaucoup de bruit, il ré-
veille. Beethoven projette la force, la puissance, la
beauté. Pour moi, il est le plus grand des êtres
humains qui aient habité cette terre. Beethoven
lui-même le disait: «Si j'étais militaire, je battrais
Napoléon.» Il n'y a pour moi aucun doute: il était
beaucoup plus fort que Bonaparte.

**D'où lui venait cette force? Vous avez mentionné
la puissance dans le drame de Van Gogh, vous affirmez qu'il y avait un peu de cela chez Marc-
Aurèle Fortin; vous parlez de la puissance de
Beethoven. Auriez-vous adoré Napoléon aussi?**

J'ai beaucoup aimé Napoléon. Lors de mon premier
voyage en France, je suis allé aux Invalides, là où se
trouve le tombeau de Napoléon. C'est vraiment extraordinaire. J'y suis allé pour la première fois en

1959. J'y ai découvert la force de la France, force que nous n'avions pas ici, au Québec. La France, c'était la mère patrie qui avait un père: Bonaparte. J'étais allé chercher un élan de force et d'assurance.

Que vous n'aviez pas.

Que j'avais, mais que j'ai confirmé et développé encore davantage par la suite.

L'auriez-vous eu davantage si votre père avait vécu? Parce que votre mère a, en quelque sorte, été pour vous à la fois votre père et votre mère...

Je n'en sais rien. Je n'ai pas vraiment connu mon père, alors je ne peux pas répondre.

Sur le plan des émotions, quel rapport faites-vous entre la Neuvième Symphonie de Beethoven et le dernier numéro du Journal de Montréal?

[Rires]

Parce que ce sont deux univers complètement différents?

Oui. Balzac et Beethoven sont deux univers aussi différents, tout comme Dostoïevski et Shakespeare et Dickens... Ils ont tous leurs différences...

Quand je regarde *Le Journal de Montréal*, je n'éprouve aucune émotion. Je regarde froidement ce qui en est, je passe mes commentaires.

Sans tomber dans l'hypothétique à outrance, est-ce que j'interprète bien les gestes que vous faites face à la musique? Le Journal de Montréal *est un journal populaire, qui intéresse l'ensemble de la population. Vos actions pour la musique ont-elles comme intention de rendre la musique accessible au plus grand nombre?*

Tout à fait.

Lorsque je suis entré à l'Orchestre Métropolitain, celui-ci était sur le point de faire faillite et de fermer ses portes. Ses dettes dépassaient les 500 000 $. Il y avait environ 200 personnes qui assistaient aux concerts. Aujourd'hui, l'orchestre joue à guichets fermés, ou presque.

Comment ai-je réussi? D'abord en mettant l'accent sur la vente d'abonnements et de billets, mais surtout en préparant un programme que je savais répondre aux besoins et aux attentes des gens: beaucoup de Beethoven, de Schubert, de Brahms. J'ai fait présenter des œuvres que les gens voulaient entendre!

J'ai un ami nommé Pierre Mercure. Nous sommes allés ensemble au collège.

Un grand musicien, oublié des jeunes qui ne le connaissent pas.

Peut-être... Il était directeur musical à Radio-Canada. Il avait la main haute sur les émissions de musique; à l'époque le dimanche, si je ne m'abuse.

Les Beaux Dimanches *ou* **Les Grands Concerts** *ou* **L'Heure du concert.**

Oui. Alors Pierre Mercure choisissait le programme de ces émissions. Un jour, je l'ai rencontré et je lui ai dit ce que je pensais de ses choix. Il volait le public! Il présentait des œuvres qui lui faisaient plaisir, à lui, alors que c'est le public qui payait! Du Schönberg, du Berg, toutes sortes de musique que les gens ne voulaient pas entendre. La preuve? Ils ne l'écoutaient pas.

Avec l'Orchestre Métropolitain, j'ai essayé de ne pas faire la même erreur. Au contraire, nous avons choisi de faire entendre de la musique que les gens apprécieraient et seraient capables de saisir — pas de comprendre, comme l'affirmait un grand critique de musique... Pour que les gens développent un goût pour la musique classique, il faut leur présenter des œuvres qu'ils vont apprécier.

Nous avons demandé une subvention au Conseil des Arts du Canada. On nous a répondu que deux orchestres à Montréal, c'était trop. Un seul suffirait. Mais ce que le Conseil des Arts n'avait pas compris, c'est que les deux orchestres sont bien différents. Je vous donne un exemple. Je suis allé à l'Orchestre symphonique de Montréal. Les gens applaudissaient comme ça doit se faire... ce qui n'était pas le cas aux spectacles de l'Orchestre Métropolitain. Chez nous, les gens applaudissaient entre les mouvements.

Mais vous savez que ce n'est pas de mise d'applaudir entre les mouvements...

C'est sans importance. Justement, cela prouve que beaucoup n'avaient jamais vraiment assisté à des concerts de musique classique. S'ils étaient là, c'est que quelque chose les intéressait! Aujourd'hui, il y a parfois certaines personnes qui applaudissent entre les mouvements, mais c'est assez rare. Et je trouve ça très bien. Cela prouve que ces gens sont à la recherche de la musique et qu'ils l'ont enfin trouvée.

Le même phénomène se produit avec le Pavillon des Arts, ici à Sainte-Adèle. J'ai pris les choses en main. Je choque souvent les musiciens... Je leur demande toujours le programme à l'avance et je dis parfois d'enlever telle pièce, de garder telle autre, d'ajouter celle-là, etc.

Le despotisme de Pierre Péladeau sur les distributions musicales.

Tout à fait.

Le Pavillon des Arts, c'est une ancienne chapelle protestante. Un jour, le pasteur l'avait mise en vente et j'ai entendu dire qu'un de mes voisins avait l'intention de l'acheter pour en faire une brasserie. Je me suis dit: «Oh non! il n'y aura pas de brasserie devant ma maison!» Je me rappelais en effet qu'à l'époque où je buvais beaucoup, j'étais très emmerdant pour tous mes voisins. J'ai donc acheté la chapelle pour éviter de subir ce que j'avais moi-même fait subir à mes voisins quand je buvais.

Mais que faire avec une chapelle une fois qu'on l'a achetée? J'ai pensé en faire une petite salle de spectacle où on présenterait des concerts de musique de chambre. À côté, nous pourrions monter une galerie de peinture. C'est ce que nous avons fait. Au début, je me suis fait dire: «Tu es complètement fou! Tu vas dépenser près d'un million de dollars pour arriver à faire fonctionner ton centre. N'oublie pas que tu es à Sainte-Adèle, en plein bois, et pas à Montréal! Et tu veux présenter de la musique de chambre, des quatuors, des trios, etc. Tu ne pourras jamais faire de l'argent avec ça.» Mais ce n'était pas mon but. Ce que je voulais, c'était protéger la tranquillité de mon voisinage en évitant qu'une brasserie s'installe devant chez moi!

Nous avons donc commencé à présenter des spectacles. Je me suis assuré que la publicité soit bien faite, et que ce que nous présentions corresponde aux besoins des gens. Si quelqu'un veut une cravate, ne lui donne pas un foulard! Et ça fonctionne! Aujourd'hui, tous les spectacles font salle comble ou presque. Il nous arrive souvent de refuser des gens faute d'espace. Nous présentons d'excellents artistes, à peu près les meilleurs.

Et l'Université du Québec à Montréal?

C'est autre chose. Pierre Jasmin, un excellent pianiste, un homme pour qui j'ai beaucoup de respect et d'estime, est venu me parler de ce projet. Il était question de construire une salle de concert à l'UQAM, un projet de plus d'un million de dollars. J'ai rencontré le recteur de l'Université, Claude Corbo, et Florence Adenot-Joncas, qui était vicerectrice à l'administration et aux finances de l'université... et nous avons réalisé le projet.

DONNER... POURQUOI?

Monsieur Péladeau était engagé dans de nombreuses campagnes de financement.

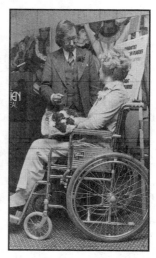

Monsieur Péladeau, quand vous faites des dons, vous ne cachez pas que c'est parfois par intérêt. Par exemple, quand vous avez donné une somme importante au Saguenay, à la suite des inondations de juillet 1996, vous affirmiez: «Je fais de l'argent au Saguenay, il est normal que j'en redonne aux gens aux prises avec cette situation difficile.» Vous défendez vos intérêts.

Oui, c'est évident!

Comme vous défendez aussi vos intérêts au Pavillon des Arts.

C'est toujours la même chose! Tout le monde défend ses intérêts. Personne au monde ne donnerait un million de dollars pour rien du tout! Tout le monde a ses raisons.

Peut-être pour être aimé?

Ça, je ne pense pas...

Ou peut-être pour que les gens se souviennent de vous, pour que votre nom passe à la postérité?

Et ça va me donner quoi?

Pour imiter les riches anglophones d'autrefois qui ont donné à leurs institutions, davantage que les francophones qui, eux, n'avaient pas les moyens de le faire?

Je ne suis pas un anglophone...

Mais vous savez, je n'ai même pas l'intention d'avoir un monument! Mes cendres seront dispersées ici, sur le terrain de ma résidence. Plus encore: j'ai bien averti mes proches que je ne veux pas de notule dans le journal. Quand je vais partir, je partirai!

Vous ne voulez pas qu'on parle de vous dans vos journaux?

Non, ça ne m'intéresse pas du tout. Voici comment vont se dérouler mes funérailles. Mes cendres seront divisées dans deux urnes. La plus petite sera déposée près de l'endroit où mon père est enterré.

Pierre Jasmin, accompagné de l'Orchestre Métropolitain, jouera le Concerto pour piano n° 5, *L'Empereur* de Beethoven, ici même, près de ma maison.
Pendant ce temps, mon fils aîné, muni de la plus
grande des urnes, distribuera mes cendres sur le
terrain.

Après le *Concerto n° 5*, les gens traverseront de
l'autre côté de la rue au Pavillon des Arts. Mes
enfants diront quelques mots, il y aura quelques
hommages, puis entreront les *mariachis* qui feront
du bruit et entraîneront les gens dans la fête.

L'Empereur... *pour l'empereur Pierre Péladeau.*

Ah! c'est le plus beau des concertos, celui qui m'a
ouvert les portes de la musique!

*Et si vous donniez pour être aimé, mais comme un
petit garçon qui a plus d'argent que les autres et
qui achète l'amitié de ses petits copains en leur
achetant des friandises? Si vous donniez pour faire
oublier qu'un jour vous avez été trop pauvre pour
vous payer un verre de lait à 5 sous? Y a-t-il de
cela dans vos dons?*

Je ne pense pas. Ça ne m'émeut pas du tout. C'est
un peu comme ce que je vous disais tout à l'heure
au sujet des journaux à potins. Ils étaient bien ter-
ribles, pour certaines personnes, mes «journaux à
potins»! Mais ce n'est pas vrai. J'ai fait beaucoup de
bien avec ces journaux. J'ai lancé l'industrie du
disque au Québec, en parlant d'un illustre inconnu
qui jouait de la guitare dans le fond de sa cour, par
exemple. J'en ai fait connaître, des vedettes! C'est

la même chose pour le théâtre. Mes journaux ont permis de lancer le théâtre. Il y a 25 ans, le théâtre, c'était Yvette Brind'Amour, et c'était tout. Il y avait aussi Gascon, et Jean-Louis Roux... mais on parlait très peu du théâtre! Aujourd'hui, il y en a partout!

Et vous pensez y avoir été pour quelque chose?

Je ne *pense* pas. J'y *ai été* pour beaucoup! Parce qu'à l'époque personne n'en parlait. J'étais le seul à le faire. Mais il y a quelques petits «morveux» qui se sont permis de passer des commentaires désobligeants sur mon compte. Ça ne me faisait ni chaud ni froid. Moi, je continuais et je suivais la route que je m'étais tracée.

Mais vous vous en défendez. Vous réagissez à ces commentaires.

Certainement!

Ils vous ont blessé?

Non, pas blessé. Mais ça me mettait en maudit! Je réagissais énormément!

Vous donnez donc de votre argent.

Oui, c'est facile.

Mais vous donnez aussi de votre personne. Vous avez accueilli plusieurs personnes dans votre maison.

Ah! oui! Des douzaines.

C'est une sorte de refuge?

À l'époque, oui.

Qu'est-ce qui fait que Pierre Péladeau accueille ainsi des gens? Pourquoi?

Parce que ce que j'ai, d'autres n'ont pas eu la chance de l'avoir. Alors, je partage. Ce n'est pas très compliqué.

Mais vous venez me dire que vous avez souvent fonctionné par intérêt. Peut-être jouez-vous un jeu en refusant de dire que vous le faites totalement par gratuité?

Non, ce n'est pas vrai. Ce n'est pas gratuit. Ce serait faux de dire cela. J'ai plusieurs raisons de faire ce que je fais pour les autres. Par exemple, nous avons ouvert plusieurs maisons pour la réhabilitation des alcooliques, la maison Ivry-sur-le-Lac, par exemple. Les gens qui y séjournent ne sont pas accueillis gratuitement, les gens qui y travaillent sont tous payés pour être là... je suis le seul à ne pas être payé, c'est moi qui paie! En fait, je ne paie plus, car aujourd'hui, le centre s'autofinance.

Mais nous avons tous un intérêt lorsque nous donnons. C'est clair comme de l'eau de roche.

Quel intérêt avez-vous d'aider un centre pour femmes, un centre de désintoxication pour alcooliques? Quel intérêt, si ce n'est la joie de se dire: «Quelqu'un me sera reconnaissant...»? Est-ce que ça ressemble à cela?

Non, pas du tout.

Alors, quel en est l'intérêt?

Il n'y a pas vraiment d'intérêt. Sauf que moi je peux le faire et d'autres en ont besoin. Alors, je fais en sorte d'apporter l'aide qu'il m'est possible d'apporter. C'est tout. C'est comme si je rencontre un homme qui mendie dans la rue. S'il a l'air sérieux, s'il ne semble pas prendre de drogue et que je lui donne un dollar, je n'ai aucun intérêt là-dedans. Sinon que ça me fait plaisir.

Vous vous faites donc plaisir.

Totalement. C'est sûr qu'en donnant, je me fais plaisir.

Un cœur d'enfant

Monsieur Péladeau, chaque année, vous organisez un immense pow wow *où vous invitez des premiers ministres, des ministres, des gens importants. Ceux et celles qui acceptent votre invitation sont presque obligés de venir vers vous avec une âme d'enfant. Ce rassemblement ressemble à un immense parc d'amusement.*

Oui, c'est vrai.

Pourquoi cette atmosphère d'enfance?

Cette année, nous étions plus de 1 000 personnes. Là-dessus, il y avait 700 ou 800 membres de Quebecor. J'avais aussi invité certains artistes qui s'étaient produits au Pavillon des Arts. C'est un peu comme un témoignage de reconnaissance envers toutes ces personnes.

À son dernier pow wow *en 1997, il accueillait (en haut) Jacques Parizeau et son épouse Lisette Lapointe de même que Sylvie Sauriol, vice-présidente chez Quebecor, Claire Syril, directrice d'*Échos Vedettes*, Michèle Richard, (en bas) Guy Fournier, Louise Marleau et Claude Dubois.*

J'essaie de faire en sorte que ce soit amusant, avec toutes sortes d'activités. Pour pouvoir apprécier cela et avoir du plaisir, il faut avoir un cœur d'enfant. Sinon, après cinq minutes, on a envie de partir! Mais les gens en général semblent bien participer. Le tout se termine très tard par un immense feu d'artifice. C'est vraiment très agréable.

Avez-vous déjà été un enfant?

Oui. Alors que j'étais très jeune, après la mort de mon père, je suis entré dans les scouts. Avec un de mes camarades, j'étais le bouffon de la troupe. Tous les soirs, nous avions des séances. Mon copain et moi faisions les fous... À ce moment-là, j'étais très enfant. Puis, j'ai rapidement commencé en affaires, et je suis devenu adulte, plus conscient de la réalité.

Mais diriez-vous qu'il y a toute une partie d'enfance que vous n'avez pas vécue?

Oh! oui! Sûrement. D'autre part, j'ai aussi été très privilégié. Nous demeurions à côté d'une famille d'Irlandais. Le père possédait une entreprise qui marchait bien. Ils avaient un fils unique. Je me retrouvais souvent chez eux. Chez moi, je n'avais pas de jouets, car nous n'avions pas d'argent. J'allais donc jouer avec mon petit voisin. C'était très agréable. C'est justement ce petit garçon qui m'avait prêté son manteau pour les funérailles de mon père.

Vous avez la capacité de vous émerveiller. Vous avez mentionné le feu d'artifice qui clôture votre pow wow *annuel, feu d'artifice qui vous émerveille. Vous possédez un hélicoptère qui est pour vous une sorte de jouet. Vous vous émerveillez devant un enfant qui s'émerveille lui aussi. Certains de vos enfants sont prêts à prendre la relève. À 72 ans, cela vous permet-il en quelque sorte de redevenir un enfant?*

Je l'ai toujours été. Je me suis toujours amusé avec un rien. La raison pour laquelle je continue de travailler, c'est que j'aime ça et que j'ai du plaisir à le faire. Au bureau, j'«emmerde» tout le monde. Je fais le tour des secrétaires et je leur «tire la pipe». Je leur dis toutes sortes de sottises, je les fais rire. J'ai du plaisir.

Vous aimez taquiner?

Oh! oui! Je m'amuse follement.

Le fait que vous ayez un fils qui est encore très jeune vous aide-t-il à garder votre âme d'enfant?

Je ne sais pas. Je ne pense pas que cela m'aide à garder mon âme d'enfant, car je l'ai encore!

Aujourd'hui, à l'âge que vous avez, au moment où vos enfants sont là pour prendre la relève, leur laissez-vous la place?

Oui. D'ailleurs, mes deux fils occupent des postes de commande très importants. Mais je prends mon temps. Je demeurerai tant et aussi longtemps que je ne serai pas assuré qu'ils sont capables de prendre la relève. Mais ils le sont presque.

S'ils avaient refusé de vous suivre, de se retrouver dans l'empire Péladeau, qu'auriez-vous fait?

Je ne sais pas. C'est très hypothétique...

Auriez-vous vendu à des Américains, comme beaucoup le font au terme de leur vie?

Oh! non! Pas moi!

Pourquoi?

Parce que j'aurais gardé l'entreprise au Québec. Cette entreprise appartient au Québec, pas aux Américains. En fait, nous avons beaucoup d'usines aux États-Unis, plus qu'au Québec même. Mais Quebecor est une entreprise québécoise et elle le restera.

PIERRE PÉLADEAU...
ET LES AUTRES

Il y a ceux qui vous aiment, et ceux qui ne vous aimeront jamais.

Ils ne savent pas ce qu'ils manquent!

J'en ai fait l'expérience. À parler avec certaines personnes, je me rends compte qu'il y a des gens qui sont rancuniers, des gens du monde des affaires qui semblent carrément ne pas vous aimer. Que faites-vous de ces émotions que vous provoquez chez d'autres?

Je m'en fous. C'est leur problème, pas le mien!

Avez-vous des ennemis jurés?

Non. Vis-à-vis de moi, non.

Y a-t-il des gens avec qui vous ne voudriez jamais faire des affaires?

Non. Il y a des gens avec qui je n'ai pas le goût de partager un repas, de passer une soirée. Mais ça, c'est autre chose. Je serais prêt à faire des affaires avec n'importe qui.

Êtes-vous rancunier?

Non... et oui. En fait, il y a une personne qui m'a fait beaucoup de tort et je peux dire que je lui en ai tenu rancune. Il s'appelait Pierre Trudeau (pas Pierre Elliott Trudeau); il faisait partie du C.E.O.C. Il fut responsable de ma comparution en cour martiale. Je trouvais que c'était injuste et que les accusations portées contre moi étaient fausses. La «brosse», c'était vrai, mais le reste était faux. C'était méchant, visiblement dans le but de me faire du tort.

J'ai attendu pendant des années le moment où je pourrais me venger. Un jour, il a ouvert une ferronnerie sur la rue Saint-Laurent, au coin de Beaubien. Je passais par là tous les jours pour me rendre au bureau. Je me disais: «Si jamais je le vois, j'arrête ma voiture et il va me le payer! Je vais lui en donner toute une!» Je voulais lui faire payer ce qu'il m'avait fait. Mais je ne l'ai jamais rencontré. L'occasion ne s'est jamais présentée. Et, un jour, j'ai constaté qu'il avait fait faillite. Alors, j'ai tout oublié, je considérais qu'il avait été puni, d'une autre manière...

5
Retour à la case départ

Dieu est mort! C'est ce que Pierre Péladeau a retenu de la philosophie de Nietzsche. Cette formule idéale lui aura permis de tout justifier à ses yeux, son matérialisme, son ambition, sa démesure.

Et pourtant...

* * *

FAIRE FORTUNE... UN MUR

Monsieur Péladeau, comment décririez-vous ce qu'a été l'essentiel de votre vie?

Ma vie est très simple: j'ai cherché à faire de l'argent. J'ai donc orienté ma vie vers le matériel. À un certain moment, pour m'alimenter et pour être capable de supporter ce qu'était devenue ma vie, pour me sauver de ce qui me dérangeait, j'ai pris de l'alcool. C'est ce que j'ai fait jusqu'au jour où j'ai pris conscience que ça ne donnait pas les résultats que j'attendais, que le matériel ne répondait pas à mes besoins. J'avais besoin de plus. J'ai alors découvert que la seule façon dont je pouvais m'en sortir était la spiritualité. J'ai connu la foi.

Ce n'est pas compliqué. C'est tout simple.

Une histoire simple... Mais vous reconnaissez avoir voulu faire fortune pour vous venger.

Au début, oui. En fait, ce n'était pas tellement pour me venger de quelqu'un. Je me vengeais tout court. Je voulais faire de l'argent, un point c'est tout.

Vous aimiez l'argent?

À ce moment-là, oui.

Accompagner des amis

Comment réagissez-vous quand quelqu'un vous dit «Je t'aime»? Ça doit vous arriver de vous faire dire «Je t'aime»?

Oui et non. Il y a cependant beaucoup de gens à qui, moi, je dis «Je t'aime». Quand j'accompagne des gens en phase terminale, par exemple.

Un jour, une de mes amies était assez déprimée. Pour la sortir du cercle dans lequel elle s'enfermait, je lui ai conseillé de faire quelque chose pour les autres au lieu de passer son temps à se regarder le nombril... Ce que je lui proposais, c'était d'accompagner des personnes mourantes. Je savais que ce serait pour elle une expérience extraordinairement riche. «Je n'y arriverai jamais.» «Essaie!» C'est ce qu'elle a fait et elle continue encore aujourd'hui.

Au début, elle a évidemment éprouvé certaines difficultés. «Qu'est-ce que je vais faire? Qu'est-ce que je vais leur dire?» Il y a deux choses à faire devant une personne mourante. La première: lui tenir la main et lui dire «Je t'aime». La seconde: lui dire qu'elle n'est pas seule. «Je suis là, près de toi, et il y en a aussi un Autre qui est là et qui t'attend...» C'est tout ce qu'il y a à dire.

J'ai appris cela avec mon ami Oscar. Un dimanche soir, j'étais invité à un souper au Ritz. Je suis arrivé un peu avant l'heure. J'ai décidé d'aller visiter mon ami Oscar, à l'unité de soins palliatifs de l'hôpital Notre-Dame. Vêtu de mon «tuxedo», je suis entré dans la chambre de mon ami. Il était couché dans son lit et regardait le mur. Son amie lui a dit: «Oscar, Pierre est ici.» Il s'est retourné et m'a vu. «Salut, Oscar!» «Pierre, je veux mourir.» «Salut, Oscar!» «Pierre, je veux mourir!» Il m'a répété la même chose cinq ou six fois. Que faire quand une personne, à moitié morte, répète qu'elle veut mourir? Je ne savais pas quoi dire.

Depuis quelques années, la foi m'a appris que je peux faire appel à des amis qui sont décédés; je leur demande de l'aide. Ce jour-là, j'ai fait appel à mon ami Roger de Lasalle, qui était mort quelques mois auparavant. Je lui ai dit: «Roger, aide-moi! Je

ne sais pas quoi faire. Je suis mal pris. Aide-moi!»
J'ai mis ma main sur celle d'Oscar. «Oscar, je
t'aime.» «Pierre, je veux mourir.» «Oscar, je t'aime.»
«Pierre, je veux mourir.» «Oscar, je t'aime...» Cela a
duré 10 ou 15 minutes. C'est très long, vous savez!
Oscar a fini par se coucher sur le côté et s'est en-
dormi.

C'est tout. C'est là que j'ai découvert la force
de ce que peut être la relation humaine.

Était-ce la première fois que vous aviez un rapport aussi intime avec une personne mourante?

Non. Il y en avait eu d'autres avant. Entre autres
Roger de Lasalle, dont je viens de parler. Nous
étions un groupe d'alcooliques anonymes qui se
partageaient la tâche de l'accompagner. J'allais le
voir tous les samedis soir de 16 heures à 19 heures.
Nous avons eu, lui et moi, des conversations vraiment extraordinaires. C'était un brave homme. Il
n'était pas un philosophe ni un homme de culture.
Il était directeur du personnel aux Papiers Rolland.
J'ai appris avec lui des choses absolument fabu-
leuses sur la douleur, la souffrance, sur la vie et sur
la foi.

Cette année-là, autour du mois de mai, le
médecin lui avait dit qu'il ne passerait pas l'été.
Lorsqu'il m'a appris cela, je lui ai dit: «Voyons,
qu'est-ce qu'il en sait, le médecin? Il ne peut pas
dire ça. C'est tout à fait hypothétique!» Nous
l'avons accompagné tout l'été, lui remontant le
moral et lui donnant de l'énergie. Il a passé
l'automne. Les médecins lui avaient dit qu'il ne
verrait pas les neiges. Il s'est rendu en décembre,

puis janvier, puis février. Au mois de février, j'ai reçu une invitation à donner une conférence au déjeuner des chefs de file, à l'hôtel Reine Elizabeth, devant près de 2 000 personnes. Je n'avais pas vraiment envie d'y aller. On me demandait de donner un témoignage de foi. Je trouvais que c'était un peu tôt pour le faire, je venais tout juste de connaître la foi et de la vivre. J'ai dit à Roger: «Je vais y aller si tu viens avec moi.» Il aurait dû, selon les médecins, être déjà mort depuis le mois de septembre. «Pierre, tu n'es pas sérieux! Je ne peux pas y aller. Je ne me rendrai pas là! C'est au début de mai!» «Dans ce cas-là, c'est très bien, je vais leur dire que je n'y vais pas. Tu vas les priver, peut-être que j'aurais eu des choses intéressantes à leur dire... mais tu les prives.» «Je ne suis pas capable. Je voudrais bien y aller, mais je ne peux pas. Tu vois bien dans quel état je suis!...» La semaine suivante, Roger m'a dit: «Sais-tu, Pierre, j'y ai repensé. Je vais y aller avec toi.» Il est mort trois jours avant la date de la conférence! Le fait de vouloir être là et de participer à la vie des gens qui l'entouraient lui a permis de tenir plus longtemps que ce que les médecins prévoyaient.

Avez-vous donné la conférence?

Oui, j'y suis allé.

Quand vous rencontrez des amis qui vont mourir, qu'est-ce que cela vous procure? La joie de voir dans le regard de l'autre qu'il est heureux de vous savoir à ses côtés?

D'une part, oui. Mais il y a plus. J'en retire beaucoup. Quand on est en contact avec des gens qui n'ont plus que quelques mois ou même quelques jours à vivre, on ne se dit pas de choses sans importance. Mon pointage au golf la semaine dernière ou le résultat de la dernière partie des Canadiens ont peu d'importance à leurs yeux. Avec eux, on redécouvre les vraies valeurs. *Les vraies richesses*, comme dirait Gide.

Il nous arrive tous de perdre un être cher. On se retrouve à l'hôpital auprès de cette personne et on ne sait pas quoi dire. À votre ami, vous avez dit «Je t'aime». C'est la seule chose que vous avez trouvée à dire?

C'est la seule chose qui existe!

Il y a quelque chose d'affreux parfois, quand on se retrouve dans une chambre d'hôpital et qu'on essaie de parler de la pluie et du beau temps ou qu'on essaie de faire croire à la personne qu'elle va aller mieux. On ne sait pas quoi dire...

Il ne faut pas dire ça! C'est faux!

Que doit-on faire?

D'abord, il ne faut pas dire de faussetés! Il ne faut pas lui dire que dans six mois elle se portera mieux, quand dans deux semaines elle sera déjà morte! Il faut simplement parler de la personne qui est là, d'échanger sur le fait d'être là, ensemble. C'est tout. Les gens qui meurent ont très peur d'être seuls. Il faut faire comprendre à la personne qu'elle n'est pas seule, qu'on est là avec elle, qu'on est là pour l'aider. Et Lui aussi est là! C'est l'accent que l'on doit mettre.

J'ai visité régulièrement une femme qui avait travaillé plus de 10 ans chez moi. Elle était atteinte d'un cancer du sein qui s'était propagé dans sa colonne vertébrale, son foie, etc. Un jour, nous avons longuement parlé de sa mort, de ce qui pourrait arriver, de ce qui se passerait, de la joie du Père qui l'accueillerait, etc. Elle était très heureuse et sereine. Elle avait choisi son cercueil, préparé ses funérailles, etc. C'était assez extraordinaire, ce qu'elle vivait.

Un jour, je suis retourné la voir. Elle n'était plus dans son petit boudoir, mais dans son lit. Un homme était près d'elle, le curé de la paroisse. Il lui a fait peur! Et elle s'est mise à se sentir coupable. «Je n'ai pas fait ceci... J'aurais dû faire cela...» Pour être sûr que ça ne se reproduise pas, nous l'avons fait transférer à l'hôpital. Elle était encore plus près de mon bureau; j'allais la voir régulièrement. Nous ne la laissions jamais seule. Deux ou trois semaines plus tard, un jeudi, sur l'heure du midi, je suis allé la voir. Elle était très enflée, à cause de la cortisone. Je lui ai pris la main et je l'ai embrassée, sans savoir si elle me reconnaissait. «Lise, on est avec toi. On est nombreux ici, autour de toi. On t'aime. On est avec toi. Oui, on est avec toi. On t'aime. On t'aime. Laisse-toi aller. On t'aime. Laisse-toi aller. Laisse-toi aller. Il est là, Il t'attend! Laisse-toi aller...» Elle est morte le soir même. Elle n'avait plus de culpabilité. Elle a alors pu se laisser aller. Tant et aussi longtemps qu'elle se sentait coupable, elle ne voulait pas mourir. Elle ne savait pas ce qui lui arriverait!

Un message que vous livrez aux curés, à tous ceux qui ont à côtoyer des mourants?

Oh! oui! Mais ce n'est pas leur faute. Ils ne connaissent pas ça. L'Église catholique et le pape font continuellement peur aux gens. Le pape est contre le divorce. Mais ça ne le regarde pas. Si deux êtres sont ensemble et que ça ne fonctionne pas, s'ils ne s'aiment plus, il est préférable qu'ils se séparent plutôt que de continuer à se battre! On le voit, avec les meurtres entre conjoints qui se produisent régulièrement de nos jours. Il est préférable de se séparer et de recommencer à neuf ailleurs!

Le pape se mêle de cela et de bien d'autres choses qui ne le regardent pas. Et ce type de discours moraliste fait peur aux gens. Tant et aussi longtemps qu'on va avoir peur, on ne fera jamais rien!

Peur de la mort?

Monsieur Péladeau, avez-vous peur de la mort?

Pas du tout. Pas du tout.

J'ai dit à plusieurs reprises — je changerai peut-être d'idée quand le moment viendra... — que je n'ai pas l'intention d'être à la remorque de qui que ce soit. S'il arrivait que je sois obligé de déranger tout le monde pour continuer à vivre une vie sans éclat, je me tirerais une balle dans la tête.

Mais est-ce que les gens que vous accompagnez vous dérangent?

Non. Au contraire.

Alors, pourquoi voulez-vous priver les gens d'être présents auprès de vous?

Un instant! Ce n'est pas la même chose. Les gens que j'accompagne, je les vois une, deux ou trois fois par semaine. Ce n'est pas la même chose que d'obliger des gens à t'aider à uriner, à te nourrir, à te laver, etc. C'est bien différent!

Vous refusez la dépendance physique.

Je refuse d'emmerder les gens, c'est tout! Ma sœur aînée a séjourné à l'hôpital sur le chemin de la Reine-Marie, l'ancien hôpital pour les vétérans. Quand j'allais la voir, au quatrième étage, en sortant de l'ascenseur, il y avait six, sept ou huit fauteuils roulants, avec des gens qui émettaient des sons: «Ah! Hu! Ho!...» Ce n'est pas possible... je ne veux pas vivre ça.

Par contre, vous avez peur de la souffrance physique.

Je n'ai pas peur, je n'en veux pas. Je vais faire en sorte de ne pas en avoir. Je ne l'endurerai pas.

Votre père a beaucoup souffert, si je me souviens bien.

Ah! c'était effroyable! Mon père a eu un cancer de la gorge. C'était en 1935, il n'y avait alors aucun traitement, sauf le cobalt. On les brûlait au cobalt, pensant ainsi les guérir. Les plaies suppuraient, remplies de sang, de pus. C'était effroyable à voir. C'est comme ça que j'ai vu mon père pendant ses dernières années. Je ne veux pas vivre ça. Je voudrais que personne n'ait à supporter cela.

Auriez-vous aimé l'aider?

J'étais trop jeune.

Avez-vous accompagné votre mère dans la mort?

Oui. Ma mère a fait ça «comme il faut». Très rapidement. Ça n'a pas duré longtemps.

ET DIEU?

Vous avez déjà un peu parlé de Dieu. Vous avez été élevé dans un univers de religion assez fermé, vous avez côtoyé le «Dieu est mort» de Nietzsche, puis vous avez redécouvert Dieu. Quelle différence faites-vous entre ces trois «Dieux»?

En fait, je n'ai pas redécouvert Dieu, je l'ai découvert parce que je ne l'avais jamais rencontré avant. Ce n'est pas le Dieu des Jésuites, un Dieu de haine, de peur, de punition. L'enfer et tout le reste, pour moi, c'est de la foutaise!

La semaine dernière, je suis allé aux funérailles d'un ami. C'était une célébration commémorative en présence de ses cendres. Une belle cérémonie, toute simple. Trois de ses enfants sont venus porter des fleurs à l'avant. Deux de ses fils et des amis sont venus lui rendre hommage. Mais il y avait là un dominicain qui — c'est le seul mot qui me vient à l'esprit et c'est bien ce qu'il faisait — manipulait toute la cérémonie. À la fin, alors que l'ex-femme de mon ami était en train de dire un petit mot, le dominicain en question s'est rendu en avant à côté de celle-ci et s'est mis à faire brûler de l'encens! Comme si ça l'intéressait, mon pauvre ami, de sentir l'encens dans son urne! Ridicule! Le symbolisme de l'Église me fâche au plus haut point.

Un jour, j'assistais à une autre cérémonie de funérailles. C'était un monseigneur — pour ne pas dire un évêque — qui présidait. Il a dit toutes sortes de conneries comme il peut s'en dire dans de telles situations. «Comme il a été baptisé, il s'en va à Dieu...» Comme si Dieu avait besoin que nous soyons baptisés pour nous accueillir quand nous allons mourir! Il faisait peur aux gens. Alors que c'est très beau, la mort! Dans la mort, tu retournes à ton Dieu, à ton Père. Que demander de plus?

À la fin de la cérémonie, le célébrant est allé reconduire le cercueil à la porte de l'église, et là, il saluait les gens. Quand je suis arrivé près de lui, je lui ai donné la main et je lui ai dit: «Monsieur, vous n'avez pas la foi!» et je suis sorti. C'est exactement ce que je pensais. Quelqu'un qui fait une cérémonie comme ça, qui dit les choses qu'il a dites, ne peut pas avoir la foi. C'est très beau, la mort! Retourner à son Père! Moi, j'ai hâte de le connaître, mon Père!

Ça, vous y croyez.

Ah! oui!

Quel éclairage votre foi prend-elle? Vous dites ne pas vouloir du Dieu des punitions de votre enfance.

Ça ne tient pas debout! Dieu ne peut pas avoir deux visages, un visage de bonté et un autre de punition. C'est impossible. Dieu est Dieu, il est entier, complet! On ne va pas lui ajouter des choses...

Dieu va donc tout vous pardonner.

Dieu ne pardonne pas, Il est avec moi. Il ne pardonne pas, Il n'a pas besoin de me pardonner. C'est simple.

Un jour, on m'a demandé dans une entrevue: «Qui est Dieu pour vous?» J'ai répondu que ça ne m'importait pas. Qu'il soit un chinois, un noir ou une femme, ça n'a pas d'importance. L'important, c'est que la foi, ça marche! Tout le reste ne m'intéresse pas.

Mais ça peut être une sorte de potion magique.

Que ce soit n'importe quoi, je m'en fous. Ça marche!

Ça marche pour vous?

Oui. Et je l'ai fait connaître à d'autres. Un jour, une femme, psychologue, est venue se baigner ici. Elle me dit ne pas avoir la foi, que ça ne vaut rien, que c'est de la foutaise. Je lui dis qu'évidemment, en tant que psychologue, tout est clair comme de l'eau de roche, qu'elle a le monopole de la vérité... Je lui ai suggéré de faire une petite expérience. «Ton père est mort depuis un an. Demande-lui de t'aider à t'ouvrir l'esprit pour que tu puisses ouvrir un peu ton cœur à la foi.» Elle est revenue la semaine suivante, tout excitée des choses extraordinaires qu'elle avait découvertes. Ce n'était pas du tout ce qu'elle imaginait.

Mais j'ai le goût de vous demander: vous avez foi en quoi?

En Dieu.

Qu'est-ce que ça veut dire?

Ça veut dire que j'ai un homme ou un être humain ou un Dieu ou ce que vous voudrez — pour moi, c'est sans importance — qui est à mes côtés et qui peut m'aider si je le Lui demande. Si je lui demande, Il m'aide. C'est tout.

Il faut garder ça simple. Pas besoin d'encens, d'habits spéciaux, de chasubles, etc. Tout cela, c'est de la foutaise, je n'ai pas besoin de cela. J'en ai vendu, des chasubles, quand j'étais jeune... mais c'est superflu!

Mais qu'est-ce qui vous a fait redécouvrir ce Dieu simple? Vous dites: «Je crois. Il est là. Il existe. Il peut m'aider et Il m'attend.»

Il m'aide! S'il ne m'aidait pas, je n'y croirais pas!

Il vous aide à faire des millions?

Je ne sais pas. Ce n'est pas ce que je Lui demande.

Que demandez-vous à Dieu?

Toutes sortes de petites choses. Par exemple, il arrive parfois le matin que je sois de mauvaise humeur. Cela arrive à tout le monde. Je prends l'ascenseur pour monter à mon bureau, au 13ᵉ étage. En montant, je me dis: «Je vais emmerder tout le monde. Je vais être désagréable avec tout le monde. Je n'ai pas le droit de leur faire subir cela.» J'ai un petit truc que je répète dans ces occasions: *Let go and let God*. «Laisse aller, et laisse ça entre les mains de Dieu.» C'est très simple. Alors, quand j'arrive à mon bureau, je sors de l'ascenseur, je m'assois à mon pupitre et je suis de bonne humeur. C'est formidable. Des trucs de ce genre, j'en ai des tas.

C'est de la pensée magique, non?

Je ne sais pas. Et ça m'importe peu. Je ne veux pas faire de recherches pseudo-scientifiques là-dessus. C'est bon, ça marche. C'est tout! L'électricité, j'ignore ce que c'est, j'ignore comment ça fonctionne. Et personne ne peut le faire, ou à peu près. Je sais cependant que si j'appuie sur le commutateur, la lumière va s'allumer. Et je sais l'éteindre si j'en ai envie. C'est exactement la même chose.

Donc, un jour, vous avez appuyé sur le commutateur de Dieu.

Non, ça ne s'est pas passé comme ça. Je m'étais rendu en Abitibi pour faire l'acquisition d'un journal. Je revenais de Val-d'Or. J'étais à l'aéroport. L'avion venait de Rouyn, c'était donc un appareil assez gros. Je suis monté dans l'avion, je me suis assis. Il n'y avait personne! Juste moi et un couple. Je n'aimais pas ça. J'avais pourtant déjà fait le tour du monde à plusieurs reprises, j'étais allé partout en avion...

Et vous voyagez tous les jours en hélicoptère...

Eh oui! Qu'est-ce qui se passait? D'habitude, je monte dans l'avion et je m'endors. C'est la même chose en hélicoptère. Je n'ai absolument pas peur. Mais là, ça n'allait vraiment pas. J'avais peur.

L'hôtesse est venue nous dire que nous allions voyager à 25 000 pieds d'altitude, à telle vitesse, etc. J'avais peur. C'était la première fois que ça m'arrivait. Je me suis levé et je me suis dirigé vers la cabine pour aller voir qui s'y trouvait. Peut-être le pilote était-il saoul? S'il était saoul, on ne volerait pas longtemps! Je suis allé voir le pilote qui n'avait pas l'air saoul du tout. Son navigateur était à ses côtés. Ils avaient l'air tout à fait bien. Je suis ressorti et je suis retourné m'asseoir à ma place. J'aimais de moins en moins ça. Nous avons décollé. Je me tenais à mon fauteuil. Quelque chose ne tournait pas rond: ma vie était entre les mains de cet homme en avant que je venais de voir pour la première fois. J'ignorais qui il était et c'était lui qui menait ma vie.

Il pouvait faire de moi ce qu'il voulait. Ça ne tenait pas debout, ça n'avait pas de bon sens! Mais si lui tenait ma vie entre ses mains, il y avait quelqu'un qui tenait la sienne. Et dans le cockpit, il n'y avait personne d'autre, à part le navigateur. Et là, j'en ai déduit que s'il n'y avait personne d'autre, c'est que je ne le voyais pas... c'était donc Dieu.

C'est comme ça que j'ai vraiment découvert la foi. C'est aussi simple que cela.

Est-ce que ça a changé votre vie?

Complètement. Totalement.

Dans quel sens?

En ce sens qu'aujourd'hui, je vois les choses sans aucune sorte de peur, sans aucune sorte de culpabilité ou d'infériorité de quelque nature que ce soit, intellectuelle, physique ou morale.

J'ai un certain nombre de problèmes avec une de mes filles. Il y a quelques mois, elle m'a dit: «Si je suis comme ça, c'est de ta faute!» Se faire dire ça par sa fille, ça ne fait pas plaisir; ça fait mal. Je lui ai répondu: «Écoute, ma fille, fous-moi la paix. Si tu penses m'impressionner avec ça, tu te trompes. Tu fais ce que tu veux, c'est ta vie. Moi, je ne peux rien y faire. Ça ne m'appartient pas.» Avant, je n'aurais jamais pu faire cela. Je me serais senti extrêmement coupable.

Dieu vous a déculpabilisé.

Totalement. En fait, c'est encore plus simple: je me suis déculpabilisé grâce à Dieu. Il ne faut cependant pas charrier et affirmer que Dieu fait tout pour moi. Ce n'est pas vrai. Il a autre chose à faire!

PRIER PIERRE PÉLADEAU?

Pierre Péladeau, vous êtes bien conscient qu'un jour, le plus tard possible, on pourra réutiliser cet entretien pour parler de vous au passé. Qu'est-ce que vous aimeriez que les gens se disent après avoir entendu ce témoignage de votre vie? Qu'est-ce que vous souhaitez que les gens se disent de Pierre Péladeau?

Je ne sais pas. Je ne sais vraiment pas. Je ne m'interroge pas à ce sujet. Comme je vous le disais tout à l'heure, je ne veux pas de pierre tombale. Quand ce sera fini, ce sera fini! Ce que les autres diront de moi, je m'en balance.

Ce que j'aimerais, cependant, c'est que mes enfants, mes amis et même d'autres personnes comptent sur moi pour beaucoup de choses. Vous savez, je prie Beethoven, parfois.

Alors, vous souhaiteriez qu'on vous prie? qu'on prie Pierre Péladeau?

Certainement! Comme moi-même je prie tous mes amis décédés. Prier, c'est demander de l'aide. C'est ce que ça veut dire et pas autre chose. Ce n'est pas s'excuser, demander pardon, etc. Dieu pardonne tout. Autrement, Il ne serait pas Dieu.

Cela signifie que lorsque vous serez mort, vous aimeriez que certaines personnes se souviennent de vous en disant: «Pierre Péladeau, aide-moi, j'ai un problème!»

Oui. Ce serait le parfait complément à ma vie.

Un bilan de vie

Êtes-vous un homme optimiste?

Je l'ai toujours été.

Quel espoir avez-vous pour vos enfants et vos petits-enfants dans une société comme la nôtre?

Je leur souhaite ce qu'ils voudront faire de leur vie. Ils auront les outils pour le réaliser, s'ils le veulent. Mais s'ils s'installent à se regarder le nombril et à dépenser leur argent ici et là pour des caprices, c'est leur choix... et ils en assumeront les conséquences.

Quelle a été votre plus grande découverte?

La foi.

Votre plus grande peine?

Avoir perdu bien des années pendant lesquelles j'aurais pu être plus utile aux autres.

Votre plus grande joie?

Des grandes joies, je n'en ai pas. Ce sont toutes des petites joies. Le fait, par exemple, que nous soyons ici ensemble, c'est une joie. Prendre ma voiture et me rendre à Sainte-Adèle, c'est aussi une joie. Pour moi, les grandes joies n'existent pas.

Vous direz que vous avez le bonheur facile.

Eh bien, oui! Certainement. Parce que je sais apprécier ce que j'ai.

Avec tout ce que vous avez, c'est facile !

Mais il y a des gens qui ont beaucoup de choses et qui n'arrivent pas à être heureux! Prenez, par exemple, Marilyn Monroe. C'était la plus belle femme de son époque... mais elle s'est suicidée. C'est le cas aussi de Martine Carol, la Marilyn française...

Mais vous avez, vous aussi, déjà pensé au suicide.

Pas pour les mêmes raisons. Moi, je voulais disparaître pour éviter d'imposer ma présence à d'autres.

Mais, à une époque de votre vie, vous avez pensé au suicide.

Oui. Et je ne sais pas ce qui m'a empêché de le faire.

Pourquoi pensiez-vous au suicide?

Parce que j'en avais assez! Le matériel ne mène nulle part.

Vous affirmez que le matériel ne mène nulle part, et pourtant, vous avez passé votre vie à courir après les valeurs matérielles.

Oui. C'est tout à fait juste. C'est pourquoi je dis que ça ne mène nulle part: je le sais mieux que personne.

Que fut votre plus grand échec?

C'est sûrement les problèmes que j'ai occasionnés à ma première femme, ainsi que la difficulté que j'éprouve à m'adapter aux femmes. Ma deuxième femme, qui est une très bonne personne, m'a un jour demandé pourquoi j'avais divorcé. Eh bien, je ne le sais pas! Je n'avais pas vraiment de raisons valables de divorcer. Ce n'était pas très brillant!

Au-delà de l'argent, quel héritage allez-vous laisser à vos enfants?

Je vais léguer ma maison à une fondation au profit de gens qui ont besoin d'aide: maniacodépression, alcoolisme, difficultés d'adaptation, etc. C'est ce que je peux faire de mieux*.

Vous parlez des gens qui souffrent de maniaco-dépression. Êtes-vous maniacodépressif?

Oui, je l'ai été. C'est une autre chose dont j'ai le privilège de m'être débarrassé.

---

* Je voulais demander à Monsieur Péladeau de compléter cette réponse partielle qu'il m'avait donnée. Mais je n'ai pas eu le temps de le revoir. (P.M.)

Ça conditionne sûrement une grande partie de votre vie.

Non.

Mais ça a pu conditionner votre vie à l'époque.

À une certaine époque, oui.

Vous avez déjà laissé entendre que vous ne croyez pas que l'on puisse transmettre des valeurs d'une personne à une autre. Quel genre de valeurs pensez-vous avoir transmises à vos enfants et à vos petits-enfants? Quand ils se tournent vers Pierre Péladeau, le père ou le grand-père, qu'est-ce qu'ils peuvent se dire de vous?

Je ne le sais pas et je ne m'en préoccupe pas. Je n'essaie pas de vivre la vie des autres! Je donne à mes enfants les outils dont ils ont besoin et ils en feront ce qu'ils voudront.

Je connais mes propres valeurs: je suis un homme loyal, qui a le respect des autres et de la justice, particulièrement de la justice. Certaines choses me révoltent. Par exemple, ce qui se passe actuellement en Israël, tant du côté des Juifs que des Palestiniens. Il me semble qu'il y a autre chose à faire dans la vie que de s'entretuer, juste pour le plaisir de la chose! Surtout que tous deux sont des peuples sémites, des cousins. Je trouve ça incroyable!

Pour paraphraser Jacques Brel, je vous demande-rais: qui inviteriez-vous à votre dernier repas?

Oh! il y aurait beaucoup de monde! Ce ne serait pas uniquement deux ou trois personnes.

Un gros pow wow?

Oh! oui! Ce serait sûrement un gros *pow wow*.

Que changeriez-vous à votre vie si vous en aviez la possibilité? Question hypothétique, bien sûr...

Je me préoccuperais davantage des détails. Je ne m'en suis jamais préoccupé, j'ai toujours laissé ça à d'autres. Et souvent, ce fut une erreur. J'aurais dû m'en occuper moi-même davantage, pour bien préparer le terrain.

Cultiver les fleurs de votre jardin vous-même plutôt que de les laisser au jardinier?

Non. Il y a trop de maringouins, ici.

C'est dire que la façon dont vous vivez depuis quelques années est pour vous une réussite?

Oui.

J'aimerais vous amener sur un terrain qui vous est très familier... Combien gagnez-vous par année? Avez-vous un salaire?

Oui, j'ai un salaire et même un compte de dépenses.

Est-ce indiscret de vous demander à combien peut s'élever le salaire annuel de Pierre Péladeau?

Oh! suffisamment pour être capable de manger... et d'en faire manger d'autres...

Qui détermine vos augmentations de salaire?

C'est une bonne question. Nous avons un comité de rémunération qui s'en charge. Ce n'est pas moi, mais un comité de cinq personnes qui ajuste ou désajuste les salaires, selon le cas.

Faites-vous parfois des représentations pour obtenir une augmentation?

Non. Non.

Payez-vous des impôts?

Oui! Beaucoup.

Vous savez, souvent les gens se disent que les millionnaires ne paient pas leur juste part des impôts.

Dans mon cas, ce n'est pas vrai.

Au cours de ma première année d'exploitation, en 1950, quand j'ai lancé mon journal, j'ai gagné 135 $. J'ai d'ailleurs fait plastifier le chèque en souvenir... Je devais payer 40 $ ou 50 $ d'impôt. J'avais dit à mon comptable: «Poissant, je ne veux pas payer ça!» «Pierre, tu dois payer. Et puis, sois donc heureux de payer de l'impôt. Parce que si tu paies de l'impôt, c'est que tu fais de l'argent!» J'ai donc toujours payé mes impôts. Et j'en paie beaucoup, croyez-moi!

Est-ce que vos enfants viennent vous voir facilement pour vous dire: «Papa — ou grand-papa —, j'ai un problème. Pourrais-tu m'aider?»

Non, malheureusement. Mais j'aimerais ça! Mon fils est divorcé, mais il ne m'en a jamais parlé. La première nouvelle que j'en ai eu, c'est qu'il était divorcé.

Vous dites: «J'aimerais bien qu'ils le fassent...»

Oui, je me sentirais un peu plus utile!

Est-ce que ça aide au bonheur, d'être riche?

Ça ne fait pas de tort, mais ça ne fait pas le bonheur, non.

Peut-on dire que vous êtes aujourd'hui un homme heureux?

Oui, je suis un homme bien dans sa peau, qui a appris à ne pas se compliquer l'existence, ce qui est très important. Je parle souvent avec des gens qui ont des soucis et qui mélangent toujours trois ou quatre problèmes. Je leur dis: «Un instant, on va les prendre un par un. Il faut les séparer, les nettoyer un après l'autre.»

Pierre Péladeau, avez-vous réussi votre vie?

J'ai réussi dans la vie. Aujourd'hui, oui, j'ai réussi dans la vie.

Merci.

Épilogue

UN DERNIER COMBAT

Au moment où j'écris ces lignes, Pierre Péladeau gît sur un lit d'hôpital, victime d'un arrêt cardiaque. Il est là, inconscient, dépendant des autres, ce qu'il voulait éviter à tout prix. Mais la vie en a décidé autrement.

La nouvelle a fait le tour du monde; c'est normal, trop de gens dépendent de ses décisions. Ce qui surprend le plus, cependant, ce sont les commentaires de gens anonymes qui n'ont jamais rencontré Pierre Péladeau, mais qui lisent tous les matins son *Journal de Montréal* et parlent de lui comme d'un ami, d'un parent. Ils le connaissent; il fait partie de leur vie. Ils lui pardonnent beaucoup de choses, car ils sont fiers de sa réussite.

Comme René Lévesque, Félix Leclerc, Maurice Richard, Pierre Péladeau a fait vibrer la corde sensible de toute une population qu'il n'a jamais reniée. Malgré ses millions, il ne s'est pas enfermé derrière de hauts murs. Il s'est toujours identifié à la couche populaire de la société québécoise qui a fait sa fortune.

* * *

Pierre Péladeau est mort en écoutant la musique de Beethoven, le plus grand.

Il est parti la veille de Noël, un des rares jours dans l'année où la salle de rédaction du *Journal de Montréal* est vide. *Le Journal* ne paraît ni le jour ni le lendemain de Noël.

Au Pavillon des Arts de Sainte-Adèle, l'émotion est palpable. Pour cette rencontre intime à la mémoire de Pierre Péladeau, Beethoven est là, interprété par le quatuor Morency et les pianistes Pierre Jasmin et Alain Lefebvre.

Et il y a le clan Péladeau: la parole des plus vieux, Érik, Pierre-Karl et Isabelle, et la présence d'Anne-Marie, Esther, Simon-Pierre et Petit-Jean. Un clan soudé par la disparition du père, présentant un front uni aux 200 invités réunis pour un dernier hommage à l'abri des indiscrétions de la télévision, tenue à l'écart.

Et que la volonté de Pierre Péladeau soit faite!

Pour que la tristesse s'estompe, pour que le rire reprenne sa place, les *mariachis* animent de leur musique le repas de l'amitié.

Et je l'imagine regardant la scène, avec son grand sourire qui lui donnait l'air d'un farfadet.

Je vous salue, Pierre Péladeau.

Sommaire

IMPRIMERIE QUÉBECOR
L'ÉCLAIREUR